Wolfgang Spornraft

Das HausMannKochBuch

AF218809

Das
HausMann
KochBuch

über das Projekt „Papa daheim"

und wie man seine Kinder gesund groß bekommt

Wolfgang Spornraft

Bibliografische Information der Deutschen Nationalbibliothek:
Die Deutsche Nationalbibliothek verzeichnet diese Publikation in der
Deutschen Nationalbibliografie; detaillierte bibliografische Daten sind im
Internet über http://dnb.dnb.de abrufbar.

© 2023 Wolfgang Spornraft

Herstellung und Verlag: BoD – Books on Demand, Norderstedt

ISBN: 978-3-7526-9097-2

*Wir müssen uns Sisyphos als einen
glücklichen Menschen vorstellen.*

Albert Camus

Ja, auch Männer können Kinder, Haushalt und Soziales. Und wenn sie es noch nicht können, dann lernen die das eben. Dieses Buch soll dabei praktische Unterstützung und ein bisschen Halt geben.

Das hier ist eine subjektive, auf einschlägiger Erfahrung beruhend zusammengestellte, kulinarisch dominierte Ansammlung von Tipps für Männer, die aus Not oder Mutwille das Büro gegen dieses ganz spezielle Unternehmen Familie eingetauscht haben. Die harte Währung besteht hier aus Streicheleinheiten und Kindertränen, Kampfgeschrei und friedvoll geschlossenen Augen. Das Aktienbarometer ist der alltägliche subtil, aber unmissverständlich kommunizierte Zufriedenheitsgrad der schuftenden Ehefrau.

Es sieht bei uns Männern manches ein bisschen anders aus als bei Frauen. Die männliche Herangehensweise an das Leben mit Kindern hat dabei Vor- und Nachteile. Wenn die Frau Geld ranschafft und der Mann in der Küche steht, führt das auch mitunter zu situationsbedingten Spannungen und mittelprächtigen Ehekrisen. Der Rollentausch bringt Umwälzungen in vielerlei Hinsicht. Er ist abseits spontaner Lippenbekenntnisse noch längst nicht akzeptiert. Und er birgt ein hübsches Frustpotential. Aber dieser Rollentausch kann uns Männern Spaß machen. Mann lernt Dinge über sich und andere, die den bisherigen Erfahrungshorizont sprengen. Puff! Mann gewinnt Fähigkeiten aus Notwendigkeit. Mann hat Leben und Liebe satt, dass einem die Frau, die dafür ihre Karriere ungebrochen weiterstricken darf, manchmal leid tut.

Und noch ein Statement: Um mit Kindern einen guten Tag hinzulegen, ist gutes Essen – neben ausreichend Schlaf – der zentrale Faktor. Der Zusammenhang ist klar (wem er nicht klar sein sollte, dem wird auch dieses Buch nicht weiterhelfen). Den Begriff *gutes Essen*" kann man dagegen lange und breit diskutieren. Hier wird er aber nicht diskutiert. Im Kampf, seinen Alltag mit Kindern zu meistern, muss Gutes Essen schlicht gegessen werden, halbwegs ausgewogen und bezahlbar sein.

Soweit die Hausmannspflicht, die hier auch abgearbeitet werden soll. Darüber hinaus ist Gutes Essen ein üppig grüner Wald voller Gefahren und Schätze, durch den verschlungene Pfade zu sonnentriefigen Lichtungen des Genusses führen, voller Entscheidung heischender Weggabelungen, in die Irre führender Abkürzungen, Juwelen am Wegesrand und spitzpfahlbödiger Fallgruben. Ja, so ein bisschen Begeisterung hat noch keinem Koch geschadet. Sie hilft über Misserfolge hinweg. Denn Kochen für die liebe Familie ist auch Weitermachen, Nocheinmal und Wiederholung. Frühstück, Mittag, Abend – geschafft. Aber morgen klingelt wieder der Wecker, wenn die Kinderfraktion nicht schon vorher ins Ehebett einfällt. Und dann: Frühstück, Mittag, Abend. Der Vorteil dabei ist, dass man immer wieder eine Chance bekommt. Kinder verzeihen/vergessen fast alles (bis auf die heftigen Knaller wie etwa Stockfisch).

Die wenigsten Dinge klappen perfekt auf Anhieb. Einen kulinarisch versauten Tag muss man auch mal männlich wegstecken oder mit einem coolen Ausflug glatt bügeln, den man abends büßt (wie schon wieder nicht staubgesaugt; sag mal, siehst du den Rand in der Duschwanne wirklich nicht?!!). Das Entscheidende dabei aus hausmännischer Sicht: Wir sind lernfähig. Wir haben nicht nur die Möglichkeit, sondern den Zwang, es noch einmal zu tun. Also wieder: Eier aufschlagen, Mehl dazu (hups, das war vielleicht ein bisschen viel), Milch kommt auch noch …

Und dann – Überraschung! – man hat es drauf und die Kinder hauen rein und tätscheln einen vielleicht verbal oder handgreiflich.

Zu dieser zentralen Stelle im Leben eines Hausmannes noch eine grundlegende Erfahrung mit Kindern: Sie lügen sehr schlecht. Also meinen sie es meistens so, wie sie es sagen. Ein Lob, absichtslos, wie es in keinem Büro dieser Welt ausgesprochen wird, von einem, der sogar noch mehr bedeutet wie Chefundgehaltserhöher: Dafür kann man doch mal 20 Minuten in der Küche stehen, oder?

Das Ziel ist jetzt klar vor Augen und der Weg dahin noch ein gutes Stück. Also los.

DIE GESCHICHTE VOM SENF, DER FRAU UND IHREN DREI KINDERN

Es war einmal eine Frau, die hatte drei Kinder. Der ward der Mann gestorben und sie wusste nicht mehr aus noch ein. Sie hatte kein Geld mehr, um Essen für ihre Familie kaufen und die Miete für die Wohnung zahlen zu können. Als eines Abends die Kinder in ihren Bettchen schliefen, setzte sie sich darum an den Küchentisch und überlegte, wie es nun weiter gehen sollte. Denn irgendwie musste es ja weiter gehen. Sie überlegte hin und her, wie sie Geld ins Haus bringen konnte. Da fiel ihr ein, dass alle ihre Gäste voll des Lobes waren für ihren selbst gekochten Senf. Und da stellte sich die arme, aber fleißige Frau kurz entschlossen an den Herd. Sie setzte einen großen Topf auf. Sie kochte ihren guten Senf und füllte ihn in Gläschen. Es ward spät in der Nacht, als sie endlich zu Bett ging. Aber in der Küche stand jetzt ein Korb voller Gläschen voll mit ihrem guten Senf.

Anderntags, es war ein Samstag, stand sie in aller Frühe auf. „Seid brav", sagte sie zu ihren drei Kindern und ging auf den Markt. Zur Mittagsstunde fand sich im Korb kein einziges Gläschen mehr. Dafür war der Geldbeutel der Frau nun voll von Münzen, die sie dafür bekommen hatte. Froh ging die Frau nach Hause zu ihren drei Kindern. Das war vielleicht ein Hallo. Vor Freude tanzten alle eine viertel Stunde lang um den Küchentisch herum.

In der Nacht vor dem nächsten Markttag stand die tüchtige Frau wieder in der Küche. Dieses Mal nahm sie zwei Töpfe aus dem Schrank und kochte ihren Senf. Anderntags in aller Frühe ging sie in die Garage und holte ein kleines Wägelchen, mit dem sie sonst ihren Kleinsten immer in den Kindergarten brachte. Dort hinein stellte sie nun die Gläschen mit dem Senf und fuhr damit auf den Markt.

Unter der Woche hatten viele Leute von ihren Nachbarn, ihrer Oma, oder beim Friseur von dem guten Senf gehört, den es nun auf dem Markt zu kaufen gebe. Im nu hatte die Frau das letzte Gläschen aus ihrem Wagen verkauft und ging mit einem prall gefüllten Geldbeutel heim zu ihren Kindern. Auf dem Nachhauseweg kaufte sie noch beim Metzger einen großen Schweinebraten. Daheim freuten sich die drei Kinder so sehr, dass das Kleinste sogar eine Träne weinen musste. Aber eine vor Freude. So setzten sich die Frau und ihre drei Kinder bald glücklich an den Küchentisch und schmausten, wie sie lange nicht mehr geschmaust hatten.

Am folgenden Markttag kochte die nun nicht mehr arme, aber immer noch fleißige Frau drei Töpfe Senf und so ging es fort. Die Leute aus der Stadt erzählten es anderen Leuten aus anderen Städten und die erzählten es wieder anderen Leuten von woanders und so verlangte bald das ganze Land nach dem guten Senf der Frau mit ihren drei Kindern. Die Frau ließ schließlich eine kleine Fabrik bauen und aus dieser kleinen Fabrik kommt noch heute der gute Senf – bis hierher auf den Tisch.

Grundlagen

Wenn es schon elf Uhr ist, kann das Folgende bis nach dem Gutenachtküsschen warten. Aber ganz wichtig: Kochen beginnt lange vor dem bangen Öffnen des Kühlschranks.

Kochen ist – erst mal eine ganze Weile und danach auch in der Regel – Handwerk. Das Ergebnis hängt von Rohstoff, technischer Ausstattung und Geschick ab. Sprich: Was findet sich aktuell in der Küche? Sind die Rührer vom Handmixer noch in der Spülmaschine? Wie vermeide ich, dass Zwiebelstückchen mit Männerblut kontaminiert werden?

EINKAUFEN

Da es hier um Kochen gehen soll, führt der erste Weg nicht zur Kühltruhe mit der Tiefkühlpizza. Wobei eine Notration für besondere Zwecke durchaus hilfreich ist. Eine Dose Ravioli im Schrank gibt Frieden, wenn nach finaler Säuberung im Hallenbad beim Anziehen ein Kinderschuh vermisst wird. Aber rote Pampe mit aufgedunsenen Teiglingen ist Ernährung auf lausigem Niveau. Das können wir besser.

Einkaufen ist Routine. Kennt man, hat man immer schon gemacht. Das Projekt hier ist aber, dass das Haushalten besser klappt und mehr Spaß macht. Die Menge an Lebensmitteln, die stinkend und schimmelig vom Kühlschrank direkt in die Entsorgung geht, soll minimiert werden. So etwas passiert, schon allein deshalb, weil sich die Bürozeit einer Frau der Planbarkeit des Küchenchefs hartnäckig widersetzt oder ein spontanes Zeltwochenende am See den armen Kühlschrank in seinem Frischhaltevermögen schlicht überfordert. Gammelgemüse. Das gibt's. Das spricht aber nicht grundsätzlich gegen eine grobe Planung dessen, was wann auf den Tisch kommt.

Immer hilfreich beim Abenteuer Supermarkt, besonders wenn man nebenbei Kinder von Essigessenz in Glasflaschen fernhalten muss: einen Einkaufszettel schreiben nach kurzem Check von Kühlschrank und Lebensmittelfach. Butter, Milch, Käse, Mehl ... und gängige Konserven – ja, Dosen sind eine Errungenschaft des modernen Lebens, auf die hier nicht verzichtet werden soll. Was spricht das Gemüsefach? Sind noch Zwiebeln da? Dann grob überschlagen, was die nächsten drei Tage verbraten werden soll. Wenn man für mehr als zwei verantwortlich ist, wird das schriftliche Fixativ dabei schnell eine Notwendigkeit. So eine Liste kostet höchstens fünf Minuten Lebenszeit und kann Katastrophen abwenden. Das nenne ich ein gutes Geschäft.

Listen und auch räumlich oder zeitlich fest verankerte Punkte des Rekapitulierens haben sich in meinem postnatalen Leben etabliert. Sie helfen, wenn die anhaltende Zweigleisigkeit Kind/Lebendrumherum das Hausmannhirn überfordert. Die Kinder sind schon los zum Auto und man hofft, dass sie nicht zwischenzeitlich überfahren werden, während man noch schnell den Korb aus der Küche holt. Alle angeschnallt und der Motor startet. Puhh. An der ersten

Ampel stellt man dann fest, dass der zentral wichtige Überweisungszettel für die Bank noch auf dem Esstisch liegt. Dumm gelaufen. Zurück. Das raubt Zeit und frustriert. Vermeidbar: Ein Moment des Innehaltens, bevor die Wohnungstür ins Schloss fällt. Wir atmen ein und aus. Lauschen, nein keine quietschenden Reifen. Also, wo sind wir stehen geblieben. Hierundjetzt. Hab ich alles? Dasdasunddas. Gut.

Der Grund, in dem diese hilfreichen Momente wurzeln, ist schlichte Gewohnheit. Türknopf in der Hand und das Programm startet automatisch. Noch so ein Pawlowscher Akt ist bei mir, wenn ich morgens auf den Knopf der Kaffeemaschine drücke und mit der vertrauten Geräuschkulisse rumpelratterzisch etwas Zeit vergeht, bis das braune Elixier in die Tasse tropft. Was steht heute an? Termine? Sportbeutel? Oder eben Einkaufen.

Ja, Einkaufen. Die Kinder sitzen sicher ins Auto geschnallt. Während die leeren Flaschen aus dem Keller geholt werden, bleibt Zeit, sich eine Strategie hinsichtlich der Reihenfolge der Stationen zurechtzulegen. Zum einen richtet die sich nach den Geschenken der Verkäufer: erst ein dickes Rad Gelbwurst beim Metzger, dann der Brauselutscher im Getränkemarkt und vielleicht lassen sich anschließend die Gummibärchen der netten Dame vom Bäcker, selbstredend nachdem man wieder auf der Straße steht, als abendlicher Nachtisch einsacken. Kinder sind oft vernünftig.

Zum anderen richtet sich diese Strategie nach dem, was Einkaufen seiner Wurzel in der Jagd und dem Sammeln verdankt. So genau weiß man ja nie, was einem begegnet. Genau da wird Kochen – und darum geht es hier bereits – eine Reise, deren konkretes Ziel beim Aufbruch noch im Dunkeln liegt. Die erste Station bei der größten Unsicherheit, oder wo die größten Schätze zu heben sind, ist sinnvoll. Steht fest, welches Fleisch in die Pfanne kommt, wird der Rest zum Mahl dann im Supermarkt beim Gang durch die Regale eingesammelt.

Natürlich kann man sich auch einfach sklavisch an seine Pläne und an die Regel der kurzen Wege halten, aber wo bleibt da das Abenteuer? Außerdem hat die vorgeschlagene Vorgehensweise den Vorteil, dass Schnäppchen gemacht und variable Qualitäten besser berücksichtigt werden können. Es ist auch viel lustiger, sich mäandernd durch das Angebot zu bewegen und mit den Kindern darüber zu reden, welches Gemüslein sie lockt, welche Sorte Äpfel nun die Genuss verheißendste sei, als ein schnödes „Hohl die Tüte Karotten" beim Abarbeiten der Liste. Natürlich kostet das Zeit, aber ich denke, die ist hier schon allein erzieherisch gut investiert.

VORRAT

Im Gegensatz zum Abenteuer Einkauf oder vielmehr als Grundlage dafür, dass man mit seiner aktuellen Beute in der Küche alles weitere klar bekommt, sind ein paar Dinge on top notwendig. Ein fester Bestand an einer Handvoll Zutaten bildet außerdem ein Backup, mit dem sich in der Not auch ohne weitere Ingredienzien etwas auf den Tisch bekommen lässt, das dem Anspruch Gutes Essen genügt.

Zur Übersicht hier willkürlich in drei Kategorien: Gewürze, Dinge im Schrank, Gefrorenes. Die nebenstehenden Listen sind als lückiger, den eigenen persönlichen Neigungen und Gewohnheiten anzupassender Vorschlag gedacht und orientieren sich an den im Folgenden ausgeführten Rezepten.

Dabei ist es doch beruhigend, dass für die Verpflegung einer Familie so viel gar nicht gebraucht wird. Ich würde sogar sagen, dass man mit den wenigen, darauf basierenden und hier beschriebenen Rezepten über die Runden kommt. Soll heißen hinreichend Abwechslung bietet, eine kulinarische Revolte zu vermeiden. Aber klare Ansage: Das hier ist ein Anfang. Man kann dabei stehen bleiben. Doch die subversive Intention dieses Buches ist natürlich, dass es im Leben eines Mannes nicht bei den paar Rezepten bleiben kann.

Die Variation in der Abfolge von Gerichten berührt dabei aber nicht das Generalkredo „einfach". Ich mag einfache Gerichte. Bei all dem Gedöns um verfeinerte Soßen, extravagante Zutaten und kuriose Kombinationen, die in der modernen Küche (meistens für Erwachsene gedacht) scheinbar unabdingbar sind: Es geht immer auch einfach und meistens ist einfach (besonders, wenn man für Kinder kocht) besser als kompliziert. Kinder können die Dinge dann auseinander halten und wissen bei jedem Bissen, worum es geht. Sie erfahren, was wie schmeckt. Und Kindern etwas zu zeigen, das ist die Kür bei unserem mitunter recht zähen Geschäft des Großbekommens.

Haha, ihr denkt jetzt, ihr seid mit der Liste aus dem Schneider? Seid ihr nicht. Ein Beispiel: Allein der Posten Nudeln umfasst eine Welt und füllt Schränke, wenn einen im Supermarkt die Begeisterung übermannt. Aber das findet sich und gibt dann einen interessanten Pastamonat. Wenn man es nicht soweit übertreibt, dass es in längerfristige Verweigerung umschlägt, kann man in so einem Monat zusammen eine Menge ausprobieren und entdecken. So etwas fordert aber Stehvermögen bei Koch und Kundschaft. Okay, vielleicht ist es doch sinnvoller, das Thema in kleinen Schritten anzugehen. Das Schöne an der Situation Hausmann ist ja, dass man zum Beispiel nach der idealen Nudel für ein Gericht über Wochen verteilt suchen kann. Außerdem schaut einen dann die Kassenfrau nicht über acht Packungen Nudeln mit diesem mitleidig verächtlichen Blick an, den jeder Hausmann kennt. Dann der Dame zu erklären, dass man trotz X-Chromosom ernsthaft in der Küche arbeitet, ja, dass man gerade im Begriff steht, seine kulinarische Expertise zu erweitern, das ist schlicht aussichtslos.

Generell ist jeder Punkt auf der Vorratsliste eine Herausforderung angesichts des überwältigenden Angebots einer halbwegs urbanen Umgebung. Wir waren bei Nudeln, reden wir von Tomatendosen. Italienurlaub. Überflüssig Erstandenes (wie den Achtzig-Zentimeter-Aufblas-David aus Florenz) in die Hoteltonne treten und dafür als Mitbringsel je zwei Dosen von den vierzehn Sorten Pomodoro in den Kofferraum, die sich im letzten italienischen Supermarkt vor der Autobahn finden. Das bildet.

Würze:

- Olivenöl
- Salz/Pfeffer
- Zucker
- Brühwürfel (klare Rinderbrühe)
- Rosenpaprika (was Mildes)
- Senf (zum Beispiel Löwensenf extra)
- Sesamöl (staunt nur)
- Kräutermischung (Provence oder Toskana ist hier echt egal)
- Backpulver
- Puderzucker
- Ketchup
- Cenofix
- Gelierzucker
- Öl (zum frittieren)
- Hondashi (fischige Brösel)
- Trockenhefe

Schrank:

- Mehl
- Zwiebeln
- Kartoffeln
- Nudeln (Hartweizen, verschiedene)
- Tomatendosen
- Tomatextrakt

- Sauerkraut
- Apfelmus
- Speisestärke
- Panierbrösel
- Grieß (Weichweizen)
- Sauerkirschen
- Popcorn-Mais

Gefrierfach:

- Suppenfleisch (Mittelbug)
- Schweinebauch geräuchert
- Wienerwürstchen
- Brot

- Butter
- Knollensellerie gewürfelt
- Mozarella gewürfelt

WERKZEUG

Hier plädiere ich für Luxus. Ein Messer (Hallo, wir sind Männer!) ist ein schönes Objekt. Und es ist nützlich. Zur Not zu Weihnachten und peu a peu, aber ein gutes Messer erleichtert Tag für Tag das Geschäft. Natürlich kostet guter Stahl Geld. Dazu: Ein Stück Fleisch kostet auch Geld und mit scharfer Klinge wird daraus eine saubere Scheibe für die Pfanne statt welliger Fetzen, die ihren Saft ausschwitzen. Es muss nicht die Oberklasse mit Griffschalen aus gelecktem Olivenholz sein, aber auch eine solide Schneide ist für lau nicht zu bekommen. Grundregel: lieber drei gute als fünf schlechte. Obendrauf ein Wetzstahl, der zieht. Dazu zwei Schäler und wir sind im Rennen. Zwei Schäler mindestens: Für Koch und Helfer. Noch einer für die Spülmaschine ist aber auch nicht schlecht. Für das Thema Töpfe gilt das Gleiche. Luxus. Käsespätzle ohne eine Teflonpfanne? Es geht. Versucht es nur. Viel Spaß. Und wenn wir von Teflonpfanne reden, dann reden wir bitteschön von hochwertiger Beschichtung, denn die Lebensdauer und die gesundheitliche Perspektive machen daraus ein gutes Investment. Ein Nudeltopf steht in seinem Leben Tage und Wochen auf der Platte. Wer da am Boden spart, der verprasst sein Geld beim Strom. Wer es richtig krachen lässt, der schafft sich noch was aus Gusseisen an. Gewichtstechnisch ein echtes Männerwerkzeug. Nicht wirklich nötig, aber wer mal eine kleine Reine dieser Gattung sein Eigen nennt, der wird sie lieben. Brief und Siegel darauf.

So, genug des Geld verschlingenden Horrors. Zwar haben billige Schneebesen in kräftiger Männerhand kein langes Leben, aber bei den kleinen Utensilien darf bedingt gespart werden. Es gibt da so viele ganz, ganz innovative Erfindungen, die kein Mensch braucht. Ich plädiere auch für einen Dosenöffner von Ikea. Ein banaler (rührteigtauglicher) Kochlöffel aus Werweisschonwas-Holz tut treue Dienste. Nur bitte darauf achten, dass für die neu angeschaffte Teflongarnitur auch der Drei-Euro-Plastikschieber vorhanden ist und nicht – natürlich ganz ausnahmsweise und nur dieses eine Mal – mit der Gabel gestochert und mit dem Blechwender geschabt wird. Mann tränen die Augen angesichts entsprechender Wunden auch nach Jahr und Tag, wenn er das mittlerweile alt gediente Stück aus dem Schrank holt. Ja genau, hier spricht Erfahrung.

Vieles muss in der Küche nicht sein. Einiges aber sehr wohl. Für Spätzle braucht es eine Spätzlereibe (oder andere einschlägige Mechanik). Ein paar kleine begehrenswerte Dinge finden sich auch so immer wieder, wenn man erst einmal Spaß am Kochen gefunden hat. Hier dezent das Geburtstagsparty-Umfeld auf entsprechende Neigungen aufmerksam machen. Eine hübsche Reibe mit Griff, ein knuffiger Gummipinsel von Le Creuset. Ein Nudelholz aus Stein... Schön dabei ist, dass man sich da inzwischen was rausnehmen darf, ohne gleich als Lusche dazustehen. Kochen tun die Männer heute auch.

Schon, oder? Aber da kommt es dann dem erfahrenen unter den Profi-Kinder-Bekochern: in der Küche ernsthaft arbeiten und so mal zwischendurch Kochen ... da gibt es feine Unterschiede. Und diese Feinheiten, die bergen, hier und bei tausend anderen Gelegenheiten, für Hausmänner manches luschige Fangeisen. Gut zugedeckt unter all dem modernen Getue, da lauert mit eisernen Zähnen bewehrt das archaische Weltbild auf uns. So wir können, lächeln wir darüber und kaufen die Geschirrhandtücher – die nicht nur schön da hängen, sondern auch was wegsaugen – lieber selber und allein mit den Kindern.

Bei Elektro stellt sich die Typ-Frage. Es spricht nichts gegen eine Küchenmaschine. Wenn die etwas taugt, erleichtert sie die Arbeit ungemein. Eine Mikrowelle – Fertignahrung ist hier gegen die Spielregeln! – rettet regelmäßig Vergessliche, die am Vorabend eben nicht das Brot für Frühstück und Pausennahrung aus dem Gefrierfach herausgestellt haben. Den Zauberstab zum Aus-Essen-mach-Pampe für noch zahnlose Münder haben wir schon lange. Wenn man eine Soße glatt

---

Made in China:

Wer mit Stäbchen kann, kann sich ein paar lange Kochstäbchen in die Schublade legen. Kosten so gut wie nichts und sind beim Frittieren genial. Fleisch in der Pfanne wenden, ohne es anzupieken, Kleinkram im Topf rumschubsen... Auch beim Grillen eine tolle Sache, außer das Steak überschreitet die 500Gramm-Schwelle.

Die zwei Teile sind eine kleine Herausforderung, der man aber schnell gewachsen ist. Mit ein bisschen Übung sind die ein wertvolles Instrument und erheblich breiter einsetzbar als diese europäischen Holzzängelchen.

häckseln will, wie das eben auch bezahnte Münder gerne mal bekommen, ist dieses Gerät eine feine Sache. Ebenso selbstverständlich findet sich der Handrührer. Eischnee oder steife Sahne geht einfach nicht ohne – außer zur meditativen Selbsterfahrung mit Schneebesen, wenn man viel, viel Zeit hat.

Es sei hier aber darauf verwiesen, dass wir bei Kochen ein ehrbares Hand-Werk ausüben. Ein Teig unter dem Handballen ist sinnlich erfahrbar. Das meine ich ganz praktisch. Man spürt dann, ob da noch ein Schluck Wasser gut tut. Diese Art Kochen hat mehr Seele. Das zeitigt vielleicht eher marginale Auswirkungen auf das Resultat, aber vielleicht kommt in ganz anderer Hinsicht mehr dabei heraus. Wie gesagt, das ist eine Frage des Typs.

Prinzipiell muss immer pragmatisch abgewogen werden, was der Einsatz von Technik bringt. Im Kaufhaus führt der Vertreter vor, wie effektiv die neue Reibestation in Grellorange einszweidrei Scheibchen, Schnitze, Ringel und Streifen fabriziert. Das geht echt beeindruckend fix. Aber sieht man diese Herren jemals das tolle Teil mit tausend Winkeln und Kanten ernsthaft sauber machen? Genau.

EIN BISSCHEN HANDWERK

Erst mal ein Klassiker: Der Klammergriff. Kennt ihr schon, okay. Wenn nicht, dann ein Bier aufmachen und diese Zeilen in Ruhe auf sich wirken lassen. Es wird das Küchenleben verändern. Die Herausforderung: eine Zwiebel (oder eine Tomate, eine Karotte, eine Kartoffel, ein Tintenfisch-Hut, ein Wasauchimmer). Das Ding muss irgendwie klein werden, damit es in der Pastasoße oder Woauchimmer schön durchköchelt. Dazu bringen wird das Objekt erst mal in ein Format, das gut auf dem Schneidebrett aufliegt – zum Beispiel die geschälte Zwiebel halbieren. Dann die Linke (für Rechtshänder) so auf das Teil legen, dass es alle – Achtung! – Fingernägel in einer Linie berühren. Mit dem locker aufliegenden Handballen hat man das zu schreddernde Objekt nun gut unter Kontrolle. Jetzt setzte ich die Spitze des Messers hinter dem Opfer auf das Schneidebrett, so dass der Stahl gerade an den Fingernägeln hinab gleitet und ziehe die Klinge unbarmherzig schneidend herunter, bis das Messer auf dem Brett Klack macht. Messer wieder in Ausgangsposition. Jetzt ein dezenter Schubs mit dem Handballen: zwischen Schnittkante und Fingernagel-Phalanx entsteht eine neue Angriffslinie. Und wieder Klack! Die Messerhand macht dabei eine kreisende Rollbewegung. Wer den Ablauf drauf hat, tritt das Gaspedal durch. Klackedicklackklackklack. Das geht ganz gut mit Musik, aber besser etwas von der Sorte Red Hot Chilli Peppers oder Morbid Angel als irgend so ein Schmusekram.

Wir bleiben beim Messer. Es lohnt, bewusst die Klinge ein- und sich einmal mit dem Thema Schneiden auseinanderzusetzen. Ganz wichtig: schneiden, nicht drücken. Damit dieses elegante Werkzeug arbeiten kann, muss es gezogen oder gestoßen werden. Dann stellt sich die Frage, ob in der jeweiligen Situation die Spitze, die vordere Rundung oder der gerade hintere Teil am Griff bessere Dienste tut. Das ist doch eine wunderbar martialische Angelegenheit. Dabei gibt es hier nicht wirklich richtig und falsch. Erlaubt ist, was funktioniert und nicht nachhaltig gefährlich ist. Hier kann man einen Stil entwickeln. Wesentlich dabei: Viele Dinge gehen in der Küche viel schneller von der Hand, wenn man mit seinem Messer umgehen kann.

Koch-, Brat- und Backzeiten. Ich bin kein Freund von Minutenangaben. Wer schon einmal einen Braten im Ofen hatte, hat mit der relativen Sinnlosigkeit diesbezüglich exakter Aussagen Bekanntschaft gemacht. Es ist ein großer Unterschied, ob das gute Stück vom Schwein groß ist oder klein, welche Beschaffenheit das Material hat. Der Profiherd einer Großküche arbeitet anders als das mittelprächtige Durchschnittsteil in der aktuellen Mietwohnung.

Da gibt es eine hübsche Menge Dinge, die aus ein paar Quadratmetern einen ganzen Kosmos an Möglichkeiten generieren. Und dabei hat eigentlich alles in einer Küche Einfluss auf alles. Wir bewegen uns in einem herrlich komplexen Raum, der die Sinne fordert und Intuition schleift, der einmalig ist.

Hierin steckt wieder die Möglichkeit zu lernen. Bratenduft spricht zum Koch. Der Klang, wenn man mit dem Messerrücken auf die Kruste klopft, sagt eine Menge über den Zustand des Innenlebens. Und wenn aus der dritten abgeschnittenen Scheibe des Schweinebratens dann doch das Blut läuft, einfach spontan entscheiden, ob das gute Stück im Ganzen zurück in die Hitze wandert, oder – geht schneller – aufgeschnitten im Topf auf der Kochplatte mit der Soße vollendet.

Wenn etwas suboptimal läuft, ist Krisenmanagement und mitunter ein bisschen Phantasie gefragt. Retten kann man viel und bekommt mit jedem Mal ein bisschen mehr Gespür für die Sache. Nur die hasenfüßige Hausmann-Fraktion bleibt bei Nudeln mit Tomatensoße stehen. Wobei jetzt nicht im Geringsten etwas gegen Nudeln mit Tomatensoße gesagt sein soll, aber auch eine allgemeine Leibspeise gefährdet in geschlossener Abfolge nach dem dritten bis vierten Mittagessen den Familienfrieden.

Es gibt eine Sache in der Küche, die für mich Kochen erst zu dem macht, was es ist. In meiner Küche wird probiert. Die meisten Kinder fühlen sich dick gebauchpinselt, wenn sie gefragt werden. Das darf auch mal ein kleines Stück halbrohe Zwiebel sein. Echt, noch nicht ganz durch? Wenn der allzu mutige Probanski dann rumjault, gibt es eben ein Glas Wasser hinterher und Ruhe im Karton. Während des Kochens eine Nudel aus dem Topf. Die spricht wahr auf der Zunge. Da braucht es nicht irgendwelche kruden Tests. Aldente. Wunderschönes Wort. Zur allgemeinen Befriedung der hungrigen Meute muss bei mir auch der erste Pfannkuchen noch am Ort seiner Genese dran glauben. Wild in Fetzen gerissen und auf dem Fußboden sitzend verspeist. So etwas macht Spaß, so etwas macht Appetit. Und ja, man kann es auch übertreiben. Den Hunger heben wir uns für nachher am Tisch auf.

Hygiene ist hier die Grundlage. Bei rohen Eiern oder Geflügel ist natürlich die Grenze der Probierbarkeit überschritten. Aber bis dahin ist es ein weiter Weg.

Einfach interessant, wie so ein erdig brauner Champion roh schmeckt, ein Stück Zucchini, ein Schwupps von dem neuen Olivenöl, das gerade aus dem Einkaufskorb leuchtet. Nicht nur für Kinder. Schon bevor der Topf auf der Platte steht, weiß solcherweis der Koch über seinen Rohstoff Bescheid.

Probieren heißt, sich heran tasten an ein Optimum. Einerseits entwickelt sich so über die Wochen, Monate und Jahre ein Gefühl für Qualität. Das finalisiert sich dann in einem dringenden Bedürfnis, genau dieses eine Stück Fleisch in der Auslage haben zu wollen. *Warum? Kann ich nicht so genau sagen. Das schaut einfach gut aus.* Andererseits haben wir im aktuellen Geschehen als Herr der Essensgenese ein fundiertes Wissen über den momentanen Zustand der Dinge. Ja, und Laune macht das außerdem, uns und den von Natur aus neugierigen Kindern sowieso.

Bei Mengenangaben ist die systemimmanente Unschärfe des Kochens ein Stück Freiheit und eine Möglichkeit für Experimente. Grundlegende Mengenangaben helfen dabei, dass die jeweilige Aktion nicht aus dem Ruder läuft. Aber es ist wirklich nicht so wichtig, ob jetzt im Pizzateig genau 400 Gramm Mehl stecken, oder ob noch ein halber Esslöffel mehr in die Schüssel rutscht. Hier zeigt sich auch der Vorteil, wenn man die Dinge in der Hand hat. Wenn es pappt, dann halt einfach noch ein bisschen Mehl dazu. Das hat der ambitionierte Kochlöffler schnell heraus. Wir zaubern ja nicht ein einzig entscheidendes Mal für die Angebetete, sondern täglich wieder für treue Abnehmer. Routine beruhigt und kommt hier schnell in das Geschäft.

So werden sich auch beim Kochen nach Rezept schnell Mengen verschieben. Ich unterschlage inzwischen ziemlich konstant zwanzig Prozent des irgendwo angegebenen Zuckers. Dieser Geiz verlegt die erkennbaren Aromen in einen anderen Sektor. Außerdem reduziert es auch das schlechte Gewissen, wenn man sich und seinen Kindern mal eine fett gezuckerte Freude bei der Initiation in die zentraleuropäische Café-Kultur gönnt.

Als Papa mit den Kindern im Café, das hat etwas. Nachmittags, noch weit genug weg vom Abendessen. Da ist man dann schnell eine stille Attraktion. An irritierten, abschätzenden, beobachtenden Blicken muss man als offen praktizierender Papa was aushalten. Interessant dabei: Wie viel Anerkennung da oft unerwartet auf einen lauert. Naja, der Rest schweigt.

Aber die reifere Dame lächelt schon mal über ihre Sahnecreme herüber. Wohlerzogen kommt gut. Die Kellnerin wundert sich vielleicht neidvoll schweigend, warum der jetzt schon wieder Urlaub hat, ist aber mit Geschirr und Nachbartisch hinlänglich beschäftigt. Wäre da noch der Mann im Anzug am Nebentisch. Der blickt nicht auf, rückt aber angstvoll sein Laptop weg und bearbeitet weiter das Touchpad. Ist das jetzt echt Solitär auf dem Schirm, oder was. Café ist herrlich, denn da gibt es was zu gucken. Für Papas selbstredend auch.

Man ist da mit den Kindern. Und man ist weit, weit entfernt vom Leben, wie es ein sehr, sehr großer Teil der westlichen Welt als normal für einen Mann betrachtet. Man selber ja auch irgendwie. Diese Welt, in der sich der Mann mit dem Laptop und seien Terminen einfügt, mit seinen Projekten, seiner scharfen Kanten zwischen Freizeit und Geschäft. Der kurz ins Café ist, um vor dem nächsten Termin noch die Mails zu checken. Wenn er mit Solitär fertig ist und sich endlich durchgerungen hat, mal ernsthaft was zu tun.

Ich bin Zaungast für die Dauer eines Espresso. Gucke. Genieße. Aber Espresso, weil ein dicker Milchkaffee der inhärenten Dramaturgie des Events zuwider läuft.

Ich habe eher wenig Mails. Dafür habe ich Zeit, viel Zeit. Aber eher selten für *mich,* meistens für *uns*. Ich und der Mailchecker, wir gehören gerade nicht wirklich der gleichen Welt an. Da stellt sich dann so ein schwebendes Gefühl ein, das Sting als Englishman in New York hatte. Dieses Gefühl begegnet Hausmännern ziemlich oft. Dabei habe ich mich bis jetzt, nach nun schon so einigen Jahren mit Kindern, noch immer nicht so recht entscheiden können, ob ich das gut finde.

Frägt auch keiner danach.

Bescheidenheit hilft dem Hausmann. Wir genießen schlicht den Luxus, sich eine Weile solch gesellschaftlichen Überlegungen hinzugeben, bevor der Sohn anfängt, mit dem Strohhalm in der Limo zu schnorcheln. Oder jemand verbliebene Brösel mit spitzen Fingerlein auf den Boden streut: *Du, die haben bestimmt Mäuse hier und die freuen sich, wenn die auch mal was von den guten Sachen bekommen.* Die Oma hat ihre Torte längst verputzt. Vielleicht ist ja deshalb das breite Lächeln zu einem lippenlos verkniffenen, kurzen Strich mutiert. Nein, der Blick rüber zu uns sagt etwas anderes.

Ja, zahlen ist jetzt eine gute Idee. Schnell noch der letzte Schluck Espresso. Wo sind die Jacken? Aufpassen auf den teuer aussehenden Laptop des Tischnachbarn. Was vergessen die Kinder gerade sonst noch? Die Rechnung, bitte!

Schnell heim. Der Tag ist kurz. Die Küche wartet mit dreckigen Tellern und einem ausgedünnten Kühlschrank. Was machen wir heute eigentlich zum Abendessen? Der Trott hat uns drei Meter hinter der klirrend zufallenden Café-Tür eingeholt, aber wir haben stolz ein Abenteuer bestanden und die Kinder erzählen der Mama, wie *tolltolltolltolltoll* doch der Papa ist und wie unsagbar gut das fette Schokoteil war und dass man da doch morgen gleich wieder hin könnte, oder? *Du Mama, das ist sooooo gut da.* Die Mama lächelt.

Wir waren bei Mengenangaben. Das mit den Grammen und Millilitern ist die eine Sache. Eine entscheidende Orientierung geben dagegen feste Einheiten wie etwa eine Dose Tomaten oder ein Ei. Diese Dinge nehmen wir möglichst komplett. Restesammlungen im Kühlschrank sind ein hygienisches wie kulinarisches Menetekel. Das einzige diesbezügliche Gegenargument ist der Geschmack. Gerade bei potenten Geschichten, etwa einem Bund *Unkraut* (heimisches Kindsprech für Kräuter), lieber noch mal überlegen, ob es wirklich aller Krümel auf dem Schneidebrett bedarf, bevor sie in den dampfenden Topf rieseln. Geschmack ordnet sich nicht unter. Dann doch lieber mal eine vermeintliche Kostbarkeit gleich in die Tonne.

Eine schöne Geschichte am Kochen ist, dass eine bestimmte Form der Faulheit belohnt wird. Den Dingen ihre Zeit geben, ihre Form lassen, das ist manchmal besser als ständig rühren und besonders fein hacken. Sicher bewegen wir uns hier wieder mal auf einem breiten Pfad, der dem persönlichen Geschmack Raum gibt: von wegen glatte Soße oder stückelig. In vielerlei Hinsicht ist aber weniger doch mehr. Zwiebeln wollen in Frieden glasig braten und wenn wir erst mal von Unterheben anfangen... Also nicht einfach volle Lotte drauflos wurschteln.

Wir wollen was machen. Wir wollen was bewegen. Und schnell soll es gehen. Wir haben den Kopf ja schon längst zu 60 Prozent bei der Nachmittagsplanung. Hier kann man in der Küche schon wieder etwas Entscheidendes fürs Leben lernen: Aufmerksamkeit zahlt sich aus. Wer bei jedem kleinen Handgriff mit Hirn dabei ist, arbeitet effizienter, wird mehr lernen, ein besseres Ergebnis zustande bringen. Einmal umrühren, gut. Drei präzise Schnitte in die Karotte, gut.

An den Profis, die gelernt haben – Hut ab! – einhundert, zweihundert Essen am Tag aus der Küche zu prügeln und sich darum keine Zeit für Blödsinn gönnen, kann man diese Effizienz manchmal in der Kochsendung bewundern (vielleicht doch mal kucken). Wenn die nicht soviel sabbeln müssen und man sie in Ruhe ihre Arbeit machen lässt, gerade zum Schluss hin, wenn das Lamm zartrosa aus der Heißluft will, die Soße auf der Platte steht und der Rosmarin so frisch gehackt wie nur irgend möglich auf die Kartoffeln soll, dann beginnt dieser vielleicht ganz unscheinbare kleine Mann in Weiß etwas, eine den ganzen Körper einschließende, runde Bewegung zwischen Platte, Schneidbrett und Ofen. Diese Bewegung findet dann nicht selten in die Ästhetik eines Tanzes. Die liebe Pina Bausch hätte ihre Freude daran gehabt.

Wir sind natürlich in unserer kleinen Küche lange nicht so unter Druck – meistens jedenfalls. Aber hier liegt nicht unbedingt ein Vorteil begraben. Auch hier gilt: Wenn das Überflüssige wegfällt, wird es gut.

Die Nudeln sind im Topf, die Soße ist ein dankbares Remake aus dem Gefrierfach. Es gibt gerade für fünf Minuten kochtechnisch nichts zu arbeiten. Ha! Der Blick fällt auf die rottenden Frühstücksteller in der Spüle. Harter Aufschlag, wenn auch noch das Geschirr vom Abendessen rumgammelt, weil man lieber mit der Frau und einem guten Roten ein paar Takte reden wollte, als schnöde in der Küche zu werkeln. Nichts zu tun in einer Küche, in der gekocht wird: das gibt es nicht.

Mit Effizienz gewinnt man Zeit. Auch das Messer, das man gerade ins Fleisch gestoßen hat – einfach gleich abwaschen, dann trocknet nichts fest. Der Mehlstaub – mit einem Wisch, wenn man nicht auch noch ein Ei drüber kleckert und eine halbe Stunde wartet. Es ist durchaus zu schaffen, nach der Kochaktion einen Topf mit Essen und eine saubere Küche zu haben. Ein schöner Anblick, der Freiraum verheißt.

Ich kann Leute nicht verstehen, die entweder Reden oder einen Pfannkuchen wenden. Ein bisschen nebenbei Ratschen geht schon klar, wir sind keine Sklaven. Aber hey, wir haben einen Job hier. Die Küche ist

Zwiebeln mal anders geschnitten:
Statt halber oder ganzer Ringe sieht es ausgesprochen hübsch aus, wenn man den Strunk gleich beim Schälen bis zum Essbaren abschneidet (noch Verbindung dranlassen) und nach dem Halbieren die Zwiebel nicht quer sondern entlang der Wuchsrichtung in kleine Fächer schneidet. Hat auch noch den Vorteil, dass man das Schneidegut nicht bis zum Finger gefährdenden, stark abschüssigen Ende der Aktion fummeln muss. Das letzte Eckchen einfach zum Messer hin umschubsen. Jetzt kann man der Zwiebel relativ rechtwinklig den Rest geben.

unser Arbeitsplatz. Wer trödelt, kommt zu nichts, verzettelt sich, versaut sein Timing, kriegt seine Sache nicht gebacken, bis die Kinder heim kommen. Es folgen Dramen über Dramen. Das ist unnötig.

Wir gehen in die Küche – rechtzeitig und mit einem klaren Plan. Wenn der noch nicht so klar ist, weil man zum Beispiel erst zwei Wochen aus dem Büro ist, dann eben zehn Minuten extra. Aber wir gehen in die Küche, um etwas zu produzieren das nötig ist.

Leider sind wir Hausmänner unser eigener Chef. Das hört sich erst mal toll an. Ist auch toll …, wenn man die nötige Disziplin dazu aufbringt. Ja, das war jetzt eine Gardinenpredigt. Aber eine nötige – immer wieder und nicht zuletzt für mich selbst.

Um gutes Essen auf den Tisch zu bringen bedarf es nicht viel. Ein bisschen Hirn, ein bisschen Planung. Und der Wille dazu. Den Kühlschrank überlegt füllen, die

Schätze darin nutzen. Sich gutes Werkzeug und ein paar einfache Handgriffe aneignen. Der Rest kommt von alleine. Wir reden hier nicht von Zauberei.

Rezepte

PASTA UND DAS VICTORINOX DER REZEPTE – NUDELN MIT TOMATENSOßE

Das geht immer. Das geht schnell. Das lässt sich endlos variieren. Dabei lässt sich Tomatensoße auch noch prima einfrieren. Kurzum: Das perfekte Essen.

Die Rohstoffe
Nudeln
eine Zwiebel
Dose Tomaten
Döschen Tomatenextrakt (gleiche Menge aus der Tube)
halber Brühwürfel
Paprika mild

Nudeln aufsetzen. Zwiebeln würfeln und mit ½ Brühwürfel anbraten. Dose Tomaten drauf. Extrakt drauf. Aufkochen. Mit Paprika abschmecken.

Die Nudeln:
Welche Nudeln es gerade sein sollen, das ist Geschmackssache und richtet sich darüber hinaus nach der Fingerfertigkeit unserer Kundschaft. Spaghetti sind hier eher was für fortgeschrittene Esser oder für Papas, die einer mittelprächtigen Sauerei rund um den Esstisch gelassen entgegensehen. Für den Anfang empfehle ich Fussili. Die sind gut handhabbar und nehmen schön die Soße mit. Noch eine Einschränkung hinsichtlich Nudeln: Wir nehmen hundert Prozent Hartweizen. Das hat einen schlichten Grund: Gekaufte Eiernudeln sind eklig. Die Leute, die diese Nudeln machen, kaufen dafür nicht Eier, sondern Eier im Tank. Immer wieder kommt darüber mal was wenig Hübsches im Fernsehen. Wer medial vermittelt einmal in so einen Tank geguckt hat, kauft nichts, was daraus hergestellt worden ist.

Nudeln kochen ist eine echte Kunst. Topf mit üppig bemessenem Wasser auf die Platte und wenn es richtig schön sprudelt, kommt ein satter Schwupps Salz rein. Nur nicht geizen, es darf ein halber Teelöffel voll sein (nur bitte nicht der vom Frühstückstisch, ja, ich spreche von dem, der sich da gerade so aufreizend mit seinem angetrockneten Kaffee aus der Tasse neben der Spüle anbiedert). Das Salz ist doch viel zu viel? Ist es nicht. Hier wird gewürzt und es bleibt schlussendlich eine ganze Menge Salz im Wasser zurück, das darum mitgewürzt werden muss.

An dieser Stelle verlassen wir den Ort der Handlung und machen Soße. Dabei den Topf aber nicht vergessen. Aldente ist eine wichtige Angelegenheit, denn wenn die Nudeln pampen, ist die Grundlage der Mahlzeit versaut. Achtung: Eine Minute ist hier eine ganze Menge! Es gibt viele Tests und Methoden, um den richtigen Zeitpunkt des Abgießens zu finden. Ich plädiere für die einfachste: immer mal wieder und mit dem Nahen des Ziels immer öfter eine Nudel pro Koch und Assistenz, die unweit ab und an über den neu erworbenen Asterix-Band schielt, herausfischen, unter kaltem Wasser abschrecken. Abschrecken prinzipiell, denn wir brauchen die Geschmacksnerven noch für die Soße. Dann nach allgemeiner Verkostung das Zwischenergebnis analysieren.

Dass man Kinder einbezieht heißt dabei aber noch nicht, dass wir alles machen müssen, was die abschließend so von sich geben. Wenn die Hunger haben,

---

Bissig

Weil es mir eine Herzensangelegenheit ist – dieses Aldente. Das ist etwas Wunderbares und wird von Kindern subtil aber unmissverständlich über die Menge der Reste kommentiert, die schlussendlich der Mülleimer frisst. Aldente ist eine Nudel, die elastisch, durchgekocht, aber noch nicht Pampe ist. Wenn man das mit der Zunge zerdrücken kann, dann haben wir es vermasselt. Andererseits muss der Teig durch sein. Eine diffizile Angelegenheit mit hübsch kleinem Zielkorridor. Jede Nudelform, jede Nudelmarke hat dabei ihre Zeit. Die kann man aber finden, wenn man probiert. Dabei die Fischung grundsätzlich unter kaltes Wasser setzen. Eine verbrannte Zunge beraubt den Koch seiner wichtigsten Sensoren und versaut einem nachhaltig das Essen.

dann ist nämlich alles primafertigsupertoll-ich-hol-schon-mal-die-Teller. Die Verantwortung liegt unabwendbar beim Kochlöffelschwinger.

Wenn aber Aldente, dann raus mit dem Wasser. Das geht über einen Sieb oder (spart Abwasch) indem man das Wasser in einem schmalen Spalt zwischen Topfrund und Spülbeckenwand abfließen lässt. Jetzt noch die Menge von einem oder zwei Esslöffeln Olivenöl drüber und umrühren. Butter ist auch gut. Italiener, die ich kenne, nehmen Butter. Und hier sind wir dann an dem Punkt angekommen, wo Kochsendungen versagen: Einfach mal die Nase drüber halten und den im Dampf explodierenden Duft genießen. Soviel Zeit muss sein. Öl oder Butter an der Nudel sorgt dafür, dass sie kein Wasser mehr nimmt. Und das Aldente bleibt. Nudeln sind fertig, werden auf ungebrauchte Platte gestellt und zugedeckt.

Die Soße:
Überraschung! Wir kochen erst mal komplett aus dem Bestand. Eine Zwiebel, eine Dose Tomaten und Tomatenextrakt – das war's für Puristen. Wie schon gesagt (Italienurlaub): Es lohnt sich, was Gutes zu kaufen, und gute Dosen sind nicht wirklich teuer. Ich nehme die einfache Polpa von Mutti (das ist in Italien auch eine käufliche Marke), aber Bertolli ist auch nicht schlecht und da gibt's noch viel mehr. Wenn man ein bisschen danach fahndet, auch in deutschen Supermärkten. Dass diese Dosen nicht sechzig Cent, sondern deftig etwas über einen Euro kosten, dürfte kaum eine Haushaltskasse sprengen. Es sind kleine Beträge, die sich geschmacklich absolut auszahlen. Wer sparen will, der lässt es bei Tomate. Fleisch ist teuer und hier ist Hackfleisch fein, aber nicht wirklich nötig und schon gar nicht immer.

Die Zwiebeln hacken und mit reichlich Olivenöl (ich meine reichlich) im Topf mit etwas um einen halben Brühwürfel glasig und weich schmurgeln. Fleißig rühren, sonst brennt sich der Brühwürfel fest. Wenn die Zwiebelstückchen weich sind (einfach probieren, denn weich ist hier wichtig, sonst gibt es Abgase und schlimmstenfalls Bauchweh), die Dose Tomaten drüber kippen, zurückschalten und rührend soweit abkühlen, dass nicht der ganze Herd vom breiigen Geblubber rot gesprenkelt wird. Die Dose Extrakt drüber und wir sind im Prinzip fertig. Kein Muss, aber gut: Abschmecken mit Kräutermischung und mildem Paprika. Doch, Rosenpaprika ist hier ein Muss. So jetzt aber.

Auch gut: Eine fein gehackte (Bloß nicht irgendwie zerquetschen! Das tut ein anständiger Koch nicht.) Zehe Knoblauch vor dem Extakt reinpacken. Hihi, Knoblauch. Ich mag Knoblauch und in der ersten Zeit meines Hausmanndaseins habe ich es weidlich ausgekostet, dass tags darauf kein Büronachbar rum mault. Freiheit, die fängt genau hier an.

Ich denke da an Ferien bei meinem Opa. Steinalt unter einem unwesentlich jüngeren Boskop-Apfelbaum, den es ebenso nicht mehr gibt wie diesen lieben Mann. Vormittagsritual: ein Butterbrot mit einer gehackten Zehe und Salz. Sein Argument nach zwei gestorbenen Frauen: Muss nicht mehr heiraten. Ich bin noch nicht so alt und zum Glück lebt mein Brötchenverdiener noch. Das schränkt dann in Bezug auf Knoblauch doch etwas ein. So einen knoblauchig kontaminierten Sößchenrest kann man der Frau am Abend unmöglich kredenzen, wenn die am folgenden Morgen wieder in die wirkliche Welt hinaus muss. Aber, wenn wir zwei einmal – jemals – in Rente gehen sollten, dann weiß ich, was wir den Enkeln unter dann meinem Boskop-Apfelbaum servieren.

Bis dahin halte ich mich beim soßentechnischen Einsatz von Knoblauch ein bisschen zurück. Es gibt aber auch so genug Variationen. Was sag ich. Unendliche Weiten. Der Klassiker ist, wenn man zu den glasigen Zwiebeln einen faustgroßen Klumpen Hackfleisch (lieber Rinderhack als gemischt mit Schwein) gibt und anbrät. Exotisch wird es, wenn man nach der Dose in Häppchen geschnittenen Fisch, gerne auch Tintentisch, einrührt und gar köcheln lässt. Tintenfisch und ein daumennagelgroßes Stück frisch zerhackter Ingwer, abgeschmeckt mit Paprika – eine Wucht! Eine kleine Dose Mais ganz am Ende untergerührt ist auch nicht schlecht und es bleibt vegetarisch. Phantasie! Hier muss einfach experimentiert und getüftelt werden.

Die Tomatensoße für sich ist so etwas wie das Schweizer Taschenmesser in meiner Küche. Damit lässt sich viel bewegen. Auch abseits der Nudel. Es ist noch Reis übrig? Gut, drauf mit der Soße (vielleicht etwas aufgedünnt mit Wasser, denn Reis saugt mehr Flüssigkeit als Nudeln). Beim Thema Pizza kürzen sich die Wege enorm, wenn noch ein Päckchen davon im Gefrierfach bereit liegt. Wer will, kocht auf Vorrat. Im Allgemeinen will ich aber lieber frisch. Angebratenes Hackfleisch, Schnitzelfleisch-Reste, Braten-Würfel und anderes, was eben so rumliegt, findet hier zu seiner Bestimmung.

So, wir haben also die Soße. Jetzt Teller her, Nudeln drauf, ein üppiges rotes Häuflein in die Mitte. Liegt schon das Besteck am Tisch? Prima, dafür stiftet der Koch noch ein sattes Geriesel Parmesan. Hat hier jemand Hunger?

DIE WELT IST EIN FLADEN – PFANNKUCHEN

Gutes Abendessen. Hier nähert sich Kochen den Wurzeln.

Teig in vollendeter Schlichtheit
4 Eier
150g Mehl
250g Milch
Butter (für die Pfanne)

Eier mit Mehl glatt rühren. Mit Milch wieder verflüssigen. Butter zerlassen. Etwas Teig in die Pfanne. Wenden. Auf Teller.

Zeit für ein bisschen Fortschritt auf dem Weg des kulinarischen Adepten: Das Rezept ist in seiner Schlichtheit kaum zu toppen. Mehleiermilch in die Schüssel, umrühren und rein in die Pfanne. Die Mengen finden sich im Kasten. Aber es geht hier prima auch ohne Waage. Der Weg vom Handwerk zur Kunst führt über das Gefühl. Was das bringen soll? Gegenfrage: Was schmeckt besser? Der aus Kindertagen leuchtend vertraute Rührkuchen der zerknitterten Tante, für den man auch in Kauf nahm, sich – Tutsitutsi! – knuddeln zu lassen oder die abgewogene Backmischung aus dem Supermarkt?
Solche Backmischungen haben ein ganz gutes Niveau. Reicht auch. Aber kitzelt es nicht ein bisschen, wenn man das Teil aus dem Karton zum dritten Mal zusammenrührt? Ist da nicht etwas im Schrank, das der Geschichte noch so einen kleinen Pep geben würde? Ja, genau, und dann können wir die drei Zutaten des dubiosen Pulvers aus dem Päckchen auch gleich selber und einzeln (und billiger) aus dem Schrank in die Schüssel befördern. Und eines Tages ist die Waage kaputt und man kriegt Besuch und, Holla, die Mengen kennt man auch so, kann man ja an der Farbe, an der Konsistenz des Schüsselinhalts ablesen. Geht doch. So einfach. Und dann beginnt ein Rezept, sich zu

entwickeln, wird feiner, variiert, wächst mit dem Geschmack der Kinder. Familienrezepte sind etwas Tolles. Sie sind selbst ein lebendiges Stück Familie. Und schon allein darum schmecken sie am allerallerbesten.

So, zurück auf Anfang. Wir starten in dieser Hinsicht mit Einfach und es gibt wenig einfacheres als Pfannkuchen. Der Teig entstand schon drei Abende lang über der Waage. Hilfreich ist es, wenn man dabei die Reihenfolge Eier, Mehl, Milch eingehalten und sich nach jeder Zutat das Ergebnis in der Schüssel meditativ angeeignet hat.

Als grundlegende Ausgangsmenge müssen die Eier herhalten. Drei oder vier, je nach grob abgeschätzter Bedarfslage. Dann kommt das Mehl. Ein kleiner Berg über das schleimige Gewabbel der Eier, zum Beispiel ein dick aufgepackter Esslöffel. Nicht übertreiben, wir tasten uns langsam heran. Umrühren, bis alles homogen, also realistisch betrachtet die Zahl der Mehlklumpen auf ein vertretbares Minimum reduziert worden ist. Ich nehme dazu den Schneebesen, aber es kann auch ein Kochlöffel sein. Mit Elektro, wenn es denn sein muss, können wir, wenn Routine in diesem Geschäft erarbeitet worden ist. Mehl rein, rühren, Betrachtung. Das wiederholen wir, bis – hahaha – die Konsistenz passt. Hier wird es schwierig mit der schriftlichen Vermittlung. Aber das macht nix. Der Druck zum Erfolg hilft: Füßchen tappeln um die Ecke. Hören wir da gerade aus Bauchnabelhöhe so was wie *Wann-gibt's-jetzt-endlich-was-zum-essen, Grummelgrummel!?* Schwitzen die Hände? Cool bleiben. Pfannkuchen habt ihr doch schon gemacht. Erinnert euch: Glatt sollte der Brei jetzt sein und noch gerade so vom Rührgerät laufen, wenn man es aus der Schüssel hebt – über die Schüssel hebt, um das zu präzisieren. Im Zweifelsfall lieber ein bisschen weniger Mehl. Wir backen kein Brot. Bei Geiz hinsichtlich Mehl schmeckt die Geschichte später so richtig gut nach Eiern.

Pfannkuchen gibt es im Allgemeinen öfter, hier ist ein Feld zum Experimentieren. Die Mengen der einzelnen Ingredienzien richten sich dabei nach dem Geschmack und nicht umgekehrt. Außer natürlich es sind nicht genug Eier im Haus (mehr Mehl), die Milch ist knapp (ein Schuss Wasser), oder das Mehl (Gibt es da ganz, ganz hinten im Schrank nicht noch einen gegilbten Karton Speisestärke? Achtung, das Zeug dickt erheblich potenter ein).

Das mit Mehleier geschafft? Ha, das wird sich zeigen. Weiter zur Milch. Frische Milch. Nichts mit H und nichts unter 3,5 Prozent Fett. „Fettarm" heißt nichts anderes, als dass neben der Milch die abgeschöpfte Sahne separat verkauft wird, und Sahne schmeckt auch im Pfannkuchen und zum Preis von Milch.

Das mit der Konsistenz ist hier wieder knifflig. Erst mal ein kleiner Schluck rein und glatt rühren. Mit Gefühl rühren, nicht zu kräftig losstarten, sonst gibt das rundherum eine Sauerei. Dann wieder einmal im Leben an das Optimum herantasten. Das besteht in diesem Zusammenhang in einer Konsistenz, die gut in der heißen Pfanne läuft und es dann trotzdem noch erlaubt, den halbseitig fertigen Pfannkuchen zu wenden, ohne das gute Stück dabei zu zerfieseln. Also erst mal Vorsicht mit der Milchmenge, denn nach dem ersten Pfannkuchen kann man nur noch Richtung flüssig nachjustieren. Wenn die Sache nicht mehr am Stück zu wenden ist, gibt es kein Zurück. Nie Mehl nachkippen. Das hilft nicht die Bohne und klumpt ausgesprochen unschön.

Dann lieber spontan von Pfannkuchen auf etwas umschwenken, das wir unter dem Titel Fastsowaswiekaiserschmarrn verkaufen *und was anderes gibt's heute nicht mehr, OBERGRUMMELGRUMMEL*: Hitze zurückdrehen und – nachdem über der jetzt für Butter grenzwertig heißen Platte ein fettes Teil Butter in der Pfanne zerlaufen ist – die ganze Ladung auf einmal rein. Etwas warten und dann seiner Wut über das gescheiterte Experiment Palatschinken in einer rituellen Zerstückelung des Pfanneninhalts freien Lauf lassen.

An dieser Stelle muss gesagt werden, dass schlechte Laune meistens ein schlechter Ratgeber ist. In der Küche sowieso. Auch Papas dürfen mal mies gelaunt sein. So etwas gibt es. Und meine Kinder wissen dann, dass es nicht zwangsläufig mit ihnen zu tun hat. Wenn doch, dann verkrümeln die sich noch schneller. Gut so.

Das ist einer dieser Fallstricke, die einem beim Leben Daheim begegnen. Wir können uns hemmungslos in unseren Emotionalien suhlen. Eigentlich überraschend: Der weltverachtende Grantler, die Endstufe dieser misanthropischen Degeneration, ist nicht etwa aus einem Zwang heraus geboren, sondern ein Produkt persönlicher Freiheit. So etwas kann sich ein in unternehmerische Abläufe eingebundener Arbeitnehmer schlicht nicht leisten.

Dabei haben auch wir Papas Kundschaft. Wir sind vielleicht der Chef dieser Kundschaft (sollten wir wirklich sein), aber die Bedürfnisse derselben –und dass die auch ein bisschen Spaß in ihrem jungen Leben haben – sind schließlich Sinn und Zweck unserer Tätigkeit. Dieser Gedanke ist ein Anspruch, er gibt aber auch Halt. Das hilft. Also hoch mit dem müden Hintern.

Schlechte Laune ist kein unumstößliches Schicksal, dem wir uns ergeben müssen, dem wir ausgeliefert sind. In der Küche hilft mir in der Regel die ganz alltägliche Arbeit, so ein Zwischentief zu überwinden. Mit einem stummen Papa am Mittagstisch verbinden meine Kinder inzwischen die berechtigte Hoffnung auf eine nachmittägliche Backaktion. Mir hilft das. Ich hätte dieses Kochbuch-Projekt nicht gestartet, wenn mir das mit den Töpfen und dem Rührbesen keinen Spaß machen würde. Der erste Band *Pettersson und Findus*, der den Weg in mein Regal gefunden hat, das war *Armer Pettersson*. Der alte Herr wird da vom Kater zum Angeln genötigt und alles ist wieder gut. Die Küche kann auch so ein Ort der Selbstwiederfindung sein.

So funktioniert auch der Umkehrschluss zur Ausgangshypothese: Gut gelaunte Köche kochen gut. Eine Kleinigkeit läuft da vielleicht mal schief, aber das ändert nichts daran. Das ist dann vielleicht sogar ein sportlicher Anreiz, doch noch etwas Genussfähiges daraus zu machen.

Pfannkuchenkunst:
Gleich nachdem der Teig das Pfannenrund ausfüllt, ist der unten auch schon fest. Wenn man jetzt den Wender umdreht, kann man mit dem Stielende in die noch flüssige Schicht vorsichtig eine Spur ziehen. Da steht dann hinterher zum Beispiel der Name von jemand drauf, oder eine Sternschnuppe zischt herum, oder eine Sonne lacht, oder das Signum des Kochs findet sich in einem Herz verewigt, oder ein Segelboot dümpelt über die geschwungene Meereslinie, oder der Pfannkuchen streckt die Zunge heraus, oderoderoder. Lasst euch was einfallen.

Funktioniert erstaunlich oft. Und schon ist man wieder bei der Sache.

Wer verbietet uns eigentlich, dass wir Spaß an unserer Arbeit haben. Ist doch toll, dass man als Papa die große Rutsche nehmen darf und keine seltsamen Blicke von umstehenden Erwachsenen erntet. Ich schnitze auf der Bank in der Sonne an Stöcken rum und meine Kinder finden das gut. Ich baue einen

Nachmittag lang ein kleines Katapult. Klein und mit einem Einweckgummi, aber sonst genau wie das in dem Buch über das antike Rom, das mein Kind aus der Schulbibliothek heimgebracht hat. Und am Abend fliegen dann Säckchen mit einem Esslöffel voll Kies drin durch das Wohnzimmer. Die Kinder und noch einer sind stolz, sind begeistert bei der Sache. So soll das sein in meinen Augen. Kochen und die Kinder froh machen, das sind durchaus anspruchsvolle Tätigkeiten. Aber noch mal: Wer sagt, dass Arbeit keinen Spaß machen darf. Nur bürogeprägte, fremdbestimmte Miesepeter.

Zum Thema Backen gibt es bei Pfannkuchen nicht wirklich viel Existentielles zu sagen. Heiß muss die Pfanne sein und Teflon hilft hier natürlich, auch wenn es anders ebenso geht. Trotz der Gefahr, Butter ausgesprochen ungesund zu überhitzen, hier unbedingt Butter verwenden. Kein Öl. Butter schmeckt einfach tausendundein mal besser. Das geht dann so: Pfanne auf den Herd, ein Schnitz Butter rein. Nicht geizen, das schmeckt so wunderbar! Zerlaufen lassen, während die Pfanne hochheizt. Einen Klecks Teig hinterher, schwenken zum Verteilen und warten, bis die Oberfläche des Teiges trocken wird. Einen Schnitz Butter drüber reiben – das geht von Hand, wenn man geschickt ist. Wenden. Kurz anbraten und raus. Die Pfanne ist jetzt schon vom Vorgänger bereitet und wir brauchen für Fladen zwei und folgende nicht mehr direkt auf die inzwischen zischheiße Pfanne buttern. Immer erst vor dem Wenden auf den angetrockneten Teig.

Bei dieser Verwendung von Butter entsteht ein spezifisches Muster, das die Seiten unterscheidbar macht. Dass diese Technik eine gewisse Verbreitung hat, bestätigte sich mir einmal auf einem Campingplatz: Kinder der Nachbarcamper kommen rüber, geködert von den butterigen Wonnedämpfen, die aus meiner Pfanne aufsteigen und durch Pinienzweige gen Meer ziehen. Ja, Pfannkuchen gibt es bei mir auch vom Gaskocher. Wie gesagt, das hier ist so etwas wie ein Grundnahrungsmittel und, Urlaub hin oder her, einmal die Woche einfach fällig. Also die kommen rüber und, klar, nach Rücksprache mit der Mama, dürfen die auch für einen Probierfladen ihre Plastikteller mitbringen.

Smal talk: *Woher? Ah, aus Berlin.* Das kleine Mädchen ist vielleiht vieles aber bestimmt nicht schüchtern. Sowas mag der Koch gerne. *Kannst schon schwimmen? Ja, Schnorcheln ist cool. Nein, ein Seehund! Echt! Wusste gar* nicht, dass es die hier gibt. Ach so, der hat gesagt er sei auch auf Urlaub hier. Ja, das ist echt blöd, wenn man so als Seehund seine Sonnenbrille daheim vergessen hat. Der schweigende Bruder verdreht nebenstehend die Augen. Der Teigbottich ist inzwischen leer. Man setzt sich. Die Gäste essen schweigend und mit Bedacht. So und dann kommt die Frage, die man sich bei Kindern gut überlegen muss, ob man sie stellt. Die Antwort kann – brachialehrlich, wenn die Gefragten noch hinreichend wenig domestiziert worden sind – ganz schön aufs Gemüt schlagen. Außerdem ist die geprägt von den kulinarischen Erfahrungen, die so ein antwortendes Kind in seinem Leben bisher gemacht hat und kann darum für einen hingebungsvoll praktizierenden Koch auch so schon frustrierend genug sein. Also, wir sind mutig, stellen die Frage. Möglichst beiläufig und doch mit dem angemessenen Ernst: *Und, schmeckt es?*

Was für Sportliche:

Ja, es gibt bei dieser Geschichte ein Detail, das ein Kinderpublikum in Staunen versetzt. Eine Herausforderung, besonders, wenn mal der Wender in der Spülmaschine steckt: Der Pfannkuchen-Looping.

Es geht. Eigentlich ziemlich einfach. Wie alles im Leben, letztlich eine Frage der Übung. Im speziellen Fall auch eine Frage ökonomischer Verwendung von Butter, die bei zu reichlichem Gebrauch postsaltal zu 80 Prozent an den Fliesen hinter dem Herd herunter läuft und vom Dunstabzug tropft.

Der richtige Dreh – aus dem Handgelenk – bemisst sich nach der Neigung der verwendeten Pfanne. Geht nicht bei allen gleich gut. Je flacher, je einfacher.

Vor der ersten Trainingseinheit Küchenboden säubern. „Bei mir kann man vom Boden essen" bekommt mit dieser Geschichte eine pragmatische Bedeutung, die über den Stolz von Saubermännern hinausgeht. Die Kinder spielen brav im Zimmer? Sonst niemand da? Na dann los. Beim dritten Happening ist Publikum zugelassen. Mit dem Essen spielt man nicht? Doch. Man lernt. Der Respekt vor den Dingen bleibt davon unberührt.

So und da stellt dann der Freie Camper und Koch fest, dass Mut manchmal belohnt wird. Während der Bub einfach beschäftigt ist mit Essen und ignoriert, was ihn von dieser wunderbaren Beschäftigung ablenkt, legt das kleine Mädchen Messer und Gabel in die Pfütze Erdbeermarmelade und den Kopf schief. Überlegt kurz mit ernstem Gesichtchen. Spricht sein Urteil: *Leopard und Landkarte. Ja. Gut.* Und dann isst dieses wunderbare Mädchen weiter. Schließlich sind die Kinder fertig und gehen wieder zu ihrem Zelt zurück, wobei sie sich noch artig bedanken. *Leopard und Landkarte.* Ich sagte auch meinen Dank und das Mädchen nickt.

Serviertechnisch, gibt es bei Pfannkuchen kaum eine Grenze. Der Klassiker ist natürlich die eben erwähnte (selbst gemachte) Marmelade. PuderzuckerundZimt können auch auf den Tisch, dann haben die lieben Kleinen was zum Wählen und so was mögen die gerne. Außerdem kann man solche trockenen Pfannkuchen gerollt und halbiert auch in die Hand nehmen, ohne dass es eine allzu große Sauerei gibt. Mal ausprobieren: Eine halbe Banane mit der Gabel matschen und dazu Erdbeermarmelade. Okay, wenn es sein muss, dann geht auch Nutella.

Eine salzige Variante: Über den flüssigen Teig ein paar Schnitze Käse und gewürfelten Schweinebauch geräuchert streuen. Wenden und warten, bis der Käse leicht anbrät. Das ist aber jetzt wirklich nur von Teflon heil aus der Pfanne zu bekommen.

An dieser Stelle noch ein Nachtrag zum Thema Aufessen. Bei Pfannkuchen ist das herzlich überflüssig. Die Teile, die am Abend übrig geblieben sind, sind eine wunderbare Abwechslung für das Frühstück. Man kann die richtig gut und schnell in der Pfanne aufbacken. Sogar wenn man seelisch noch zu achtzig Prozent im Bett liegt.

SUPPE

Nahrhaft, leicht zu verdauen, einfach eine suppentellerrandrunde Sache.

Für die Brühe
1½ l Wasser
400g Rinderbug oder Beinscheibe
Zwiebel
2 Lorbeerblätter

Für Zupfnudeln
300g Mehl
150g Wasser
Salz

Für Omelett
3 Eier
Frühlingszwiebel
Salz und Pfeffer

Brühe: Wasser aufsetzen. Fleisch rein. Zwiebeln schälen, achteln und rein. Lorbeer rein. Aufkochen lassen und zurückschalten. Mindestens 45 Minuten auf schwacher Hitze.
Zupfnudeln: Teig anrühren, kneten. Kurz ruhen lassen. Wasser aufsetzen. Teig in Wasserbad und über Topf zu Teiglingen zupfen. Teiglinge in Topf. Nachdem sie aufschwimmen, noch 30 Sekunden kochen.
Omelett: Eier in kleine Schüssel aufschlagen. Mit Gabel verquirlen. Frühlingszwiebel fein in Röllchen schneiden und rein. Würzen. In heißer Pfanne auf etwas Öl beidseitig anbraten. Aufs Schneidebrett. Einmal in der Mitte durch und in dünne Streifen schneiden.

Brühe ist etwas für Abende mit müden Kindern. Nicht nur, aber besonders, wenn man draußen war in der Kälte von Herbst und Winter. Brühe kann man zur Not, temperiert und nicht heiß, im großen Becher verabreichen, der sonst dem morgendlichen Kaba vorbehalten ist. Eine andere wunderbare Geschichte, auf die meine Kinder leider inzwischen allergisch reagieren, weil ich das einmal zu oft kredenzt habe: Restreis in einen Topf und mit ordentlich Brühe und klein gewürfeltem Suppenfleisch zu einem Brei eindampfen. Etwas Salz drauf. Gut. Einlagetechnisch simpel ist ein Ziegelstein vorgekochte und en Block gefrorene Udong-Nudeln. Japanisch, aus Reismehl, aus dem Asia-Laden. Diese Teile einfach in die abgegossene Brühe (ohne zerkochtes Gemüse). Wenn das dann wieder sprudelt, ist es schon fertig. Kochtechnisch etwas schnöde, aber Kinder mögen diese fingerdicken, weißen Dinger, die man so herrlich schmatzend in den Mund saugen kann.

Doch Vorsicht, in einem mitteleuropäischen Restaurant sind solcherlei Geräusche nicht wirklich das, was einem Sympathien einbringt. Verständnis für Kinder kommt in der Regel weit hinter Verständnis für Hunde. Die dürfen schlabbern. Das ist etwas, worüber man sich herzlich aufregen könnte, muss man aber nicht. Was man muss, das ist, seinen Kindern die Möglichkeit geben, da draußen zu bestehen. Und schließlich können Kinder auch ohne schlabbern. Gepflegtes Benehmen zu Tisch ist eine Gelegenheit, besonders für kleine Kinder, Ruhm und Ehre zu ernten. Und das ist nur eine Frage des Trainings daheim.

Seltsam ist das mit Hunden. Wenn man mit Kindern unterwegs ist, dann begegnen die einem auf einmal auf ganz andere Weise. Ich halte mich ehrlich gesagt seit jeher an Stephen King. Der hat das so formuliert, dass er durchaus nicht verstehen kann, warum der Hund der beste Freund des Menschen sein solle. Sein bester Freund heiße Aspirin. Mich betraf das Thema Hund in meinem früheren Leben einfach nicht. Mit Kindern sieht man sich da aber auf einmal in einer Gegenüberposition, die durchaus konfliktträchtig daherkommt. Nein, ich mag Hunde. Wirklich. Die können nichts dafür. Die können nichts für diese ignorante Fraktion Herrchen und Frauchen die Hunde halten und säuseln: *„Der will doch nur spielen."*, während mein Kind – Aug in Aug mit einem Setter – in Schockstarre fällt. Ja toll, nur spielen, nicht den Kopf abbeißen. Das ist ja schon mal was. Aber dieses Kind, das da gerade ganz und gar nicht spielen will, sondern um sein junges Leben fürchtet, wird heute Nacht üble Träume haben und die wiederum werden dem lieben Papa wenig Zeit zum Schlafen lassen. Danke auch.

Angst. Das ist eine Perspektive, die man durch ein Bürofenster eher weniger hat. Als Hausmann begegnet man der Angst tausendundein Mal am Tag. Und es macht aus ihr kein kleineres Problem, dass man es nicht selbst ist, der Angst hat.

Ja und noch ein Gefühl verbindet sich aus hausmännischer Sicht mit Hunden. Passt nicht wirklich in ein Kochbuch, aber das hier zu unterschlagen würde doch ein arg verzerrtes Bild zu diesem Thema geben. Dieses zweite, wenig angenehme Gefühl ist schlicht Eckel. Nicht vor Hunden selbst. Aber Hunde produzieren Exkremente. Sie können nichts dafür, dass sie eben auch mal müssen. Aber warum muss ich das hinterher von Kindersandalen abkratzen? Weil der Verantwortliche keine Tüte oder keine Lust hatte, die Hinterlassenschaft angemessen zu entsorgen? Schwaches Argument.

Dabei ist das doch ganz einfach. Man muss sich um Kinder kümmern und man muss sich um Hunde kümmern. Wobei ganz klar sein sollte, dass Menschen Menschen und Tiere Tiere sind. Verantwortung muss aber hier wie dort übernommen werden. Die von mir subjektiv wahrgenommene Entwicklung in den letzten Jahren, was den Gebrauch besagter Tütchen angeht, ist da durchaus vielversprechend.

Wir gehen jetzt erst einmal Händewaschen. Weiter im Text. Suppeneinlage allgemein ist ein kulinarisches Weltreich, das der Eroberung harrt. Die nachher beschriebenen zwei Möglichkeiten, entnommen aus meinem Alltag, können da wirklich nicht lange einsam für sich alleine stehen. Doch zuerst die Brühe.

Wenn ich sage, das ist einfach, dann meine ich damit folgendes: Sollte es einer von euch schaffen, Suppe anzubrennen, dann kommt jemand vom Verlag persönlich bei ihm vorbei und gibt ihm sein Geld für das Buch zurück. Und dann binden wir ihn noch auf seinen Esstisch und kloppen ihm mit getrockneten Fischen die nackten Fußsohlen blutig.

Mal im Ernst. Wasser. Die Menge richtet sich nach dem Geschmack. Ich mag es kräftig, also wenig Wasser. Dass das Fleisch unten den Topfboden berührt und oben gerade so an drei Eckchen noch aus dem Wasser rausguckt. Mehr Flüssigkeit kann man hier immer bei Bedarf nachgießen. Etwa wenn was

Der Feind

Gelierte Brühe ist so ziemlich genau das, auf dem im Labor Kulturen angesetzt werden. Megacitys, Metropolen, ach was, ganze Kontinente von kleinen Tierchen wachsen darauf in handtellergroßen Glasteilen im Handumdrehen heran. Diese Tierchen haben dann manchmal so lustige Namen wie Vibrio cholerae oder Yersinia pestis. Aber in der Küche wird es auch schon weit darunter hübsch unangenehm. Diese Kulturen sind unser erklärter Feind. Für Schimmel gilt natürlich dasselbe.

Als moderne Menschen halten wir in diesem ewig währenden Krieg der Arten glücklicherweise ein samuraischarfes Schwer in der Hand. Auf dem prangt eingeprägt in goldenen Lettern sein Name: Hygiene.

Man muss da jetzt kein Sakrotan-Fetischist werden. Nicht meine Welt. Aber Händewaschen, nachdem man mit Hühnchenbeinen gearbeitet hat, oder von einer spontan notwendigen Schlichtungsverhandlung am Sandkasten zurück in die Küche kommt: Das ist eine Grundregel von anständig Kochen. Da fällt mir ein, dass es hier durchaus erwähnenswert ist, dass Finger aus unten, oben und den Seiten bestehen.

Regel zwei: Schimmel wird nicht gegessen. Da hilft auch kein Ausschneiden, denn wenn man den giftig grünen Flaum sieht, dann ist der Schimmel längst großflächig durchgewachsen.

Und die hier bei Suppe entscheidende Sache Nummer drei: Was länger steht, wird aufgekocht. Nicht irgendwie so lauwarm mikrogewellt und dann schnellschnell. Nein, das muss kochen. So einfach, so effektiv. Aber man muss das halt auch machen.

Hygiene ist ein sperriges Wort. Das hält auf. Aber sie ist eine Notwendigkeit und die Freundin des Küchenmenschen. Sie hilft uns, dass Essen eine Wonne und keine Gefahr ist. Hygiene muss eine in die chromomännliche DNA eingeflossene Gewohnheit sein, an die man gar nicht weiter zu denken braucht, während man sie pflegt. Merkt euch das.

eingedampft ist oder wenn viel gutes Gemüse rein kommt. Und jetzt gleich ordentlich losheizen. Es sprudelt? Ein Gang runter, dass es bald gerade so ein bisschen blubbert im Topf. Damit kommen wir über die Distanz. Deckel nicht vergessen. Einfach? Ja, wenn man sich damit abfindet, dass Brühe trüb ist. Klare Brühe ist nicht nötig, aber hübsch. Findet selber raus, wie das geht.

Zum Fleisch. Suppenfleisch ist ein weites Feld. Da geht im Prinzip alles, was nicht Schwein ist. Vieles erscheint mir aber einfach zu schade für auslaugende Verwertung. Mein Suppenspezial ist Mittelbug. Da ist so eine wundervolle Schicht Knorpel drin. Das gibt Geschmack in die Brühe. Außerdem bewegen wir uns qualitätstechnisch in einem Bereich, wo man das ausgekochte Fleisch noch ohne Scham servieren kann. Braucht es mal schnell eine Suppe, weil die Diskussion auf der Heimfahrt vom Wocheneinkauf im Großmarkt so etwas unumgänglich nötig macht, kann es auch ein Brocken Hackfleisch aus dem Gefrierfach sein. Der Vorteil dabei ist, es geht schneller als Fleischamstück. Eine interessante Alternative: Ochsenschwanz. Das gibt eine Suppe, die etwas wundervoll Eigenes hat. Ochsenschwanz schmeckt man. Ein Charakter für sich, obwohl es im Prinzip nichts Aufdringliches hat. Hier wichtig: Beim Einkaufen darauf achten, dass an den Wirbeln ordentlich Fleisch dran ist. Serviertechnisch kann man das dann in der Küche popeln. Oder man legt so ein Teil in den Suppenteller und staunt darüber, wie geschickt Kinderfinger und Kinderzähnchen rangehen, wenn etwas wirklich Gutes der Lohn für die Mühe ist.

Als Brühebeiwerk ein Muss ist eine Zwiebel. Schälen, vierteln, vielleicht noch mal mittendurch, dann rein. Zwei Blätter Lorbeer und es ist alles da, was eine gute Suppe braucht. Wer es gemüsiger mag, der legt noch zwei Karotten dazu. Geschält, der Länge nach halbiert. Orangefarbene Süße. Sellerie, eine Handvoll, kommt aus der Tüte im Gefrierschrank. Einfach mal eine Knolle einkaufen, schälen, würfeln, eintüten. Dann hat man in der Not. Es sollte nur auf der Tüte stehen, was drin ist. Verwechselt man leicht, wenn nebenan gefrorene Mozarella-Würfel ihrer Verwendung harren. Die machen sich in der Suppe genauso seltsam wie Sellerie auf der Pizza.

Das ganze köchelt jetzt mindestens 40 Minuten. Länger gibt mehr Geschmack in der Brühe und weniger Kraft im Fleisch. Ist immer die Frage, wie man serviert und letztlich eine Angelegenheit des wahren Glaubens. Geschmackstechnisch bedingt entfernen wir aber das Gemüse und das Lorbeerlaub. Das hat nach der Kochung seinen Dienst getan. Geht mit dem Schaumlöffel (Schöpfkelle mit Löchern) oder via Teesieb geschüttet in einen Topf zwei. Den Leckerschmeckerbrocken Fleisch haben wir natürlich schon raus auf ein Brett für die weitere Verarbeitung. Und zum allgemeinen Probieren mit einem kleinen Berglein Salz liegen da vorweg drei Scheibchen abgeschnitten.

Wie gesagt, man kann Brühe auch pur servieren. Aber natürlich ist hier Suppeneinlage das Sahnehäubchen des Kochens und eine Variationsmöglichkeit. Suppe hält sich im Kühlschrank zwei Tage und hilft grundsätzlich aus dem Gefrierschrank, wenn man dort eine Portion liegen hat. Vor dem Servieren aber immer aufkochen.

Als erste Einlage machen wir Nudeln. Zupfnudeln. Die heißen so, weil man sie so macht. Der Anfang ist ein fester Nudelteig aus Mehl und Wasser. Bisschen Salz. So ein viertelter Teelöffel, also ziemlich genau das, was die Frau an Zucker in den Kaffee kippt, wenn sie mal wieder auf Diät macht. Sonst nix. Wir setzen noch einen Topf auf. Einfach Wasser.

Das Folgende kann man auch in die abgegossene Brühe machen. Das Gesamtresultat ist dann mehr so eine sämige Angelegenheit, weil das Mehl aus dem Nudelteig die Brühe eindickt. Schmeckt auch gut, aber wenn man Kindern Suppe versprochen hat, dann fühlen die sich mit dieser mehr breiigen Geschichte verschaukelt. So etwas also vorher im Verkaufsgespräch bedenken.

Wie auch immer, das Wasser im Topf kocht jetzt und der Teig ist gut gewalkt und das Mehl hat seine Flüssigkeit absorbiert. Wir holen uns eine Schüssel handwarmes Wasser dazu und schmeißen dem Teig rein. Im Wasser wird der lustig glitschig und genau richtig zum Zupfen. Jetzt mit spitzen Fingern schnell kleine Bröckchen vom Teigbatzen abnibbeln. Die zerdrückt es dabei zwischen Daumen und Zeigefinger zu dünnen Dingern, die – immer direkt rein geworfen – im sprudelnden Wasser Nudeln werden. Schnell arbeiten, sonst sind die ersten schon pampig zerkocht, wenn die letzten reinhüpfen. Wenn die Nudeln aufschwimmen, noch etwas um die 30 Sekunden kochen lassen. So wie bei Spätzle (freut euch auf das Kapitel „Hüftgold"). Dann raus auf einen Teller. Drei

Durchgänge sollten hier genügen. Wer langsam mit Zupfen ist, schöpft die Nudeln öfter zwischendurch ab.

Variation Nummer Zwei ist einfach: Pro Nase ein Fi mit der Gabel matschen und ein Omelette daraus in der Pfanne braten. Das kann man Würzen mit Salz und Unkraut oder vielleicht einer fein geschnittenen Frühlingszwiebel. Raus aus der Pfanne, schön in dünne Streifen geschnitten und, Tara, ab in die Suppe damit.

Serviertechnisch will das Fleisch in dünne Scheibchen geschnitten und oben drauf gelegt werden. Wenn das Kind es anders will, dann würfeln wir eben. Mir doch egal! Gerade bei Udong geben drei Tropfen Sesamöl – Vorsicht, das ist eine geschmacklich potente Angelegenheit! – der Geschichte eine herrlich exotische Note. Und es duftet.
Angerichtet wird in der Küche und ja, das überfordert jetzt ein hungriges Kind, seinen Suppenteller selber von dort auf den Tisch zu tragen. Grundregel: Keine Dramen vor dem Essen. Das Event ist der kulinarische Genuss und der sollte durch kein heikles Vorprogramm gestört werden. Da gehen wir auf Nummer sicher.

REIS, GEMÜSE, EIN SPIEGELEI UND KETCHUP

Messertraining, wenn ein bisschen Zeit da ist. Hier räumt Mann mal so richtig sein Gemüsefach im Kühlschrank auf.

Das braucht's:
ein Kochbeutel Reis
3 Eier
eine Zwiebel
eine kleine Zucchini
drei Karotten
Salz
Ketchup

Reis aufsetzen. Zwiebel schälen und hälften in halbe Ringe oder der Länge nach in Fächer schneiden. Zucchini und Karotten in feine Stifte schneiden. Gemüse nacheinander kurz und hart anbraten. Spiegeleier braten. Reis in Tellermitte, das Gemüse in Häufchen drum herum. Spiegeleier über Reis. Bisschen Ketchup.

Gemüse und Kinder geht nicht? Ha! Geht doch. Und hier kann man aus Kochen und Essen ein kleines Happening generieren. Wir brauchen Farben: Weißer Reis – meinetwegen aus dem Kochbeutel, aber fein raus ist, wer hier auf der Technoseite zugeschlagen hat und einen Reiskocher sein Eigen nennt. Gemüse in Rot, Gelb, Grün (Paprika, Karotten, Zucchini), mindestens. Hier verhaut man sich leicht bei der Menge. Anfangs überall ein Drittel von dem weg, was man spontan aus dem Kühlschrank geholt hat und es wandert später weniger in den Mülleimer.
Als erstes der Reis. Geht natürlich auch lose: Eine kleine Tasse pro Nase davon und zwei Tassen Wasser hinterher. Köcheln, nicht Zersieden. Nachdem der Reis auf dem Weg ist, geht es ans Gemüse. Waschen und das große Küchenmesser

gezückt. Wir haben Arbeit vor uns, also eventuell den Wetzstahl aktivieren, solange das Messer noch sauber ist.

Die Zwiebel muss zuerst dran glauben. Hier macht sich der schon beschriebene Fächerschnitt später hübsch auf dem Teller. Die Karotten und die Zucchini schräg in Scheiben schneiden, die anschließend zu einem kleinen Berg geschichtet und per Klammergriff weiter in klitzekleine Streifen zerstückelt werden. Kleine spülmaschinengeeignete Töpfchen sorgen für Ordnung. Pro Gemüse eins davon. Alternativ machen wir Häufchen auf einem großen Teller.

Wer noch etwas Zeit für die Schnipselei braucht, widmet sich nach der Zwiebel auch noch der Paprika, bevor er die Teflonpfanne aus dem Schrank räumt. Prinzipiell wird hier aber parallel geschnitten und gebrutzelt.

Salz und die tolle Flasche mit dem Sesamöl neben den Herd und es kann losgehen. Pfanne aufsetzen, aufdrehen auf volle Lotte und gleich rein mit den Zwiebeln. Salz drüber und ein kleiner Spritzer von unserem guten Exoten (Pienzige braten hier das alles mit Pflanzenöl und würzen

Zu wenig ist besser als zu viel:
Auch viele kleine Mengen ergeben später einen großen Berg. Kochen für die Tonne ist der kulinarische Supergau. Arbeit umsonst und Material versaut. Dabei ist es gar nicht so schwierig, sich zu orientieren und halbwegs sicher im Zielkorridor zu landen. Der Hebel, den wir ansetzen, heißt Gliedern. Es hilft mengentechnisch ungemein, wenn man pro Esser denkt. Rauslegen, betrachten, Nudeltüte in die Hand nehmen. Und dann gnadenlos geizen. Verhungern ist in der aktuellen westlichen Welt nun wirklich nicht das zentrale Problem.

So kommt man hin – in etwa, nicht immer, das nächste Mal bestimmt. Wir sammeln Erfahrung. Es ist aber immer mal wieder zu viel. Das gibt's. Wir haben nicht immer alles in der Hand. Aber wir lassen in diesem Fall den Frust nicht an der Kundschaft raus. Es wird nicht per se aufgegessen. Zwang macht Essen zur Pflicht und widerspricht einer durch und durch gesunden körperlichen Reaktion: Wer satt ist, isst nicht.

Dann lieber einmal die Backen zusammenkneifen und halbvoll abräumen. Und dann natürlich kein Nachtisch und ein geschnittener Apfel statt Kuchen am Nachmittag.

hinterher mit dem kostbaren Fläschchen Sesam). Die Zwiebeln sind hier das einzige, was nachhaltig durchgeschmurgelt wird. Darum die als erstes. So nutzen wir die Aufwärmphase. Eventuell sogar noch ein Schuss Wasser in die Pfanne geben, wenn die Zwiebeln anzuliegen drohen. Zwiebeln sollten durch sein. Das ist ein bisschen mehr als glasig. Wenn durch, dann Pfanneninhalt zurück in das Töpfchen leeren und die restlichen abarbeiten. Rein in die Hitze, Salz drauf, ein klitzekleiner Spritzer Sesamöl (ist in erster Linie herrlich aromatisches Gewürz, denn in der Teflonpfanne braucht es nicht wirklich ein Trennmittel), kurz wenden und wieder raus. Hey, das zischt und dampft. Sowas macht uns Köchen Laune. Dabei bitte keinen Matsch fabrizieren! Karotten dürfen gefälligst knackig bleiben, sie sollen nur das Salz und das wunderbare Sesamaroma aufnehmen. Wer es mag, darf meinetwegen die Zucchini ein kleines, ein klitzekleines bisschen länger drin lassen. Sonst rein und raus und gut.

Da fällt mir gerade eine lustige Sache mit den Hausmännern ein. Es gibt als Praktizierender eine erstaunliche Erfahrung, die man auf der Liegewiese im Freibad, beim abendlichen Abwasch am Campingplatz oder auf dem ersten Elternabend des Schuljahres machen kann: Es gibt sie. Eigentlich überall. Die Welt ist voll von ihnen. Hausmänner. Aber wir sind ein verschwiegener Geheimbund, eine hermetisch zu gedeckelte Subkultur.

Die meisten unserer Zunft ziehen es vor, inkognito ihren Geschäften nachzugehen. Kommt man da als potentieller Mitverschwörer mit so einem ins Gespräch, poppt das dann auf, nachdem man vorsichtig abgetastet wurde. Ja, bei uns, da bin auch ich, der Mann daheim. Und dann hat man sich meistens viel zu erzählen. *Die Kinder, ach die Kinder...* Meistens sind die dann überrascht und richtig froh, dass sie nicht alleine sind auf dieser Welt. Ich dann meistens auch.

Manchmal denke ich mir bei so einer Gelegenheit, dass es uns aktiven Kindergroßbekommern gut täte, ein bisschen mehr Selbstbewusstsein zu praktizieren. Da hätte man zum Beispiel mehr Leute, mit denen man über Rezepte reden kann. Aber wir tun unseren Dienst vorwiegend verschämt im Verborgenen. Die Frage nach dem Warum ist nicht wirklich zu stellen. Nein, Männer daheim sind nicht das Ideal, nicht das Erwartete, das Verlangte. Wir sind, oft aus der Not geboren, selbst so etwas wie ein gesellschaftlicher Notnagel. Daheim ist der geparkt, der es draußen nicht schafft. Und dieses Draußen ist nun einmal das allgemeine Maß. Dem Überzeugungstäter schlägt unverhohlener Zweifel entgegen. *Ja, ja. Würde ich jetzt auch sagen an deiner Stelle.*

Der Bürogänger, der sich gerade mit dem Gedanken trägt, definitiv nach Hause zu gehen, sollte an dieser Stelle kurz innehalten und sich gut überlegen, ob es das ist, was er will. Denn das, genau das gehört dann auch zu seinem Leben. Das muss man aushalten. RuhmundEhre ist nicht zentral der Lohn unserer Mühen. Wer schon drin steckt, dem sei es ein schwacher Trost, dass er nicht so alleine ist, wie er vielleicht gerade denkt.

Das wunderbare an unserem Zustand ist die Unabhängigkeit gegenüber diesem Standpunkt, gegenüber anderen Standpunkten ganz allgemein. Wie gesagt, unseren Aktienwert wird weniger allgemein, denn sehr speziell von der lieben Frau bestimmt. Darüber hinaus verlieren Werturteile schnell an Bedeutung – und zweimal angesichts konkreter Bedrohungen wie spontan auf das Drei-Meter-Brett kletternden Kindern, einer Wanne dreckigen Geschirrs, dem Vortrag einer Lehrerin, mit der wir ein Jahr lang das intellektuelle Wachstum unserer Kundschaft voranzubringen haben.

Eine tolle Sache ist das am Hausmanndasein: Unserer Position wohnt ein satter Schwupps Freiheit inne. Da urteilt einer. Na und? Dieser jemand hat seine Aufgabe, wir haben unsere. Er ist uns, wir sind ihm nichts schuldig. Die Welt ist groß.

Und bis sich die Moden soweit verschoben haben, dass man sich

Satt bequem aus unendlichen Weiten: Die Teflonpfanne mag Spülmittel nicht wirklich. Lieber wird sie, noch heiß, mit einem Fetzen Küchenkrepp ausgewischt und darf vor dem Verschwinden im Schrank ein bisschen abkühlen. Das reicht meistens. Teflon ist wunderbar. Und außerdem haben wir es uns dank dieser Erfindung erspart, das Gemüse in Öl zu ertränken. Kochtechnisch – nicht, was das Aroma angeht – kann man fast ganz darauf verzichten. Übrigens kommt Teflon gar nicht aus dem Weltraum. Weiß ich, ihr Besserwisser. Aber dass etwas nicht stimmt, heißt noch lange nicht, dass das keine schöne Geschichte ist.

als bekennender Hausmann nicht gleich mal gefälligst eine Runde schämen soll, arbeiten wir bei Bedarf eben inkognito. Wenn es hilft, ist das gut. Vielleicht sollten wir uns aber so ein paar dezente Erkennungszeichen zulegen. Wie wäre es mit buntem Kinderpflaster aufs linke Knie geklebt? Andere Vorschläge? Ich bin für alles offen.

Wir haben unsere Töpfchen mit dem garen Gemüse gefüllt und gleich eine saubere Küche. Noch schnell pro Esser ein Spiegelei in die Pfanne. Wenn nicht ein paar Tropfen drin verblieben sind, vorher einen Spritzer Olivenöl rein. Jetzt aber Kommando Spüllappen. Ah, der Reis ist fertig. Teller in die Küche.

Das ist jetzt was für Ästheten und Kinder sind Ästheten, wenn man es ihnen nicht austreibt: In die Mitte die Basis des Ganzen, der Reis. Hübsch ist es, wenn man eine Tasse dazu als Förmchen missbraucht. Wir haben ja hinreichend Übung im Sandkasten gesammelt. Dann außen herum das Gemüse verteilen. Hat man roten Paprika und Karotten, dann bitte das Häufchen mit den Zwiebeln dazwischen. So sieht das hübscher aus. Noch schnell jeweils eins der Eier über die weiße Mitte.

Wir drücken den hungrigen Langfingern ein Schnitzelchen Karotte zur Ablenkung in die Hand und tragen persönlich auf, um Scherben oder eine ähnliche Katastrophe auf den letzten Metern zur Zielgerade am Esstisch abzuwenden. Parole Besteck (Löffel). Haben alle was zu trinken? Dezent das Ketchup positionieren und die Erwartung genießen, die Kinder haben, wenn sie hungrig vor einem von Papahand hübsch gefüllten Teller sitzen. Dann: *Looos!!!* Die Spielregeln muss man hier Kindern nur beim ersten Mal erklären: Nach einem geizig bemessenen Klecks Ketchup das Ei schreddern, den Finger ins Eigelb stecken und ablecken. Dann alles gleichmäßig matschen und rein damit.

ESSEN FÜR DIE MEUTE: PIZZA

Keine Angst vor Hefeteig: Das lässt sich wunderbar vorbereiten. Das Finish geht nebenbei. Wunderbares Fingerfood.

Das geht
400g Mehl
½ Würfel Hefe
3 Esslöffel Olivenöl
¼ l Wasser
Salz

Belag
Was spricht der Kühlschrank, Tomaten und Käse.

Mindestens 40 Minuten vorher an den Teig. Mehl und Hefe verrühren, Wasser rein. Kneten. Ruhen und kneten. Tomatensoße anrühren aus Dose Tomate und Dose Tomatenextrakt. Das Rot würzen mit Paprika, Oregano und Cenofix. Teig auf Blech. Tomate, Schinken und Käse drauf. 20 Minuten bei 200 Grad auf unterste Position in den Ofen.

Das meistgekaufte Konvenient-Zeug hierzulande ist Pizza. Man kann auch nur den Teig kaufen – fertig zum ausrollen mit Backpapier. Cool, wer das will, soll es tun. Hier mein Selber-so-einfach-Gegenvorschlag.
Wir fangen früher an. Das Teigteil braucht ein bisschen Entwicklungszeit. Wer Lust hat, kann das Anrühren schon am Vorabend erledigen. Ein lohnendes Experiment. Eine Stunde bevor es in den Ofen geht, ist nach unten eigentlich die Schmerzgrenze. Je länger, desto feinporiger später der Teig. Und immer wenn man gerade mal in der Küche vorbei kommt, kurz raus mit dem Ding aus

der Schüssel und kneten. Etwas um eine halbe Stunde vor der Blechaktion zum letzten Mal.

Also los: Wir sieben das Mehl in die Schüssel auf der Waage und bröseln den halben Würfel Hefe drüber. Ein Päckchen Trockenhefe tut es auch und hilft notfalltechnisch, wenn man sie daheim hat. Aber mit frischer wird es einfach besser. Die noch trockene Angelegenheit in der Schüssel erst mal gut durchmischen, damit sich die Hefebrösel verteilen. Dann rührend das Wasser einarbeiten. Warmes Wasser beschleunigt die Geschichte. Heiß killt die Hefe.

Ja, das pappt anfangs. Also vielleicht erst mal mit etwas in der Art Kochlöffel ans Werk, bis es einigermaßen fest wird. Ich habe mir angewöhnt, den Gummischieber zu verwenden, mit dem ich final den aufgegangenen Schüsselinhalt aufs Blech schäle. Soweit die erste Vermengung durch? Dann alles auf die Arbeitsplatte kippen und weiter mit den Händen.

Für Enthusiasten und Papas pizzaversessener Kinder:

Es lohnt sich, auf die Mehlsorte zu kucken. Für Hefegeschichten gibt es Italieners Liebling, die Sorte 00. Nicht überall, aber mit ein bisschen suchen. Der Standard hierzulande ist 405. 00er ist feiner ausgemahlen, sprich noch weiter weg vom guten Vollkorn. Das hat in Bezug auf Pizza ein paar Vorteile: Vor allem zieht sich der Teig beim Plätten weniger zusammen. So wird es wunderbar dünn und knusprig.

Teig kneten hat viel mit Stehvermögen zu tun. Schulterbreit und fest die Füße auf den Boden. Von oben mit dem Handballen angreifen, die Kraft kommt aus der Schulter. Den Teig platt nach vorne in die Körpermitte drücken. Mit den Fingern zurück und unter die andere Männerhand schubsen und gleich noch mal spiegelverkehrt. Nicht ganz so gut wie Holzhacken, aber wenn einem dabei nicht warm wird: schneller. So lange, bis man keine Lust mehr hat oder eine geschmeidige Geschichte elastisch unter den Handballen quitscht und darum bittet, sich bei der VHS zu einem Kurs in Selbstverteidigung anmelden zu dürfen.

Zum Abschluss jeder Knetung den Teig schließen. Sprich die Spalten und Falten im Klumpen zusammenwachsen lassen. Das geht gut, indem die Hände eine Halbkuppel formen, in der der Teig kreisend über die Platte schrubbelt. Das Ganze funktioniert natürlich auch mit fünf Minuten Knethaken in der Küchenmaschine. Aber Frauen mögen Muskeln. Frauen mögen Männer, die zur körperstählenden Axt greifen, anstatt den hydraulischen Spalter anzustecken. Und ein Besen ist ein Werkzeug der Meditation, ein Laubbläser nur ein lärmendes Techno-Monster.

Wir haben diese Zeit, die dafür nötig ist, sich mit Bedacht durch die Welt zu bewegen. Dieser Umstand erschließt sich dem Hausmann nach und nach. Und es ist eine tolle Erfahrung. Ich vorher bin im Auto gerne schnell unterwegs gewesen. Terminetermineterminе. Das Dazwischen ließ sich abkürzen, wenn man das Pedal durchdrückte. Diese ollen Mitkindersitzfahrer und Babyanbordaufkleber waren die Stolpersteine im Leben des engagierten Angestellten. Bremser eben.

Dann habe ich selber die Kindersitze auf der Rückbank. Es geht heim aus der Stadt und die Autobahn ist abseits der Stoßzeit, wenn die Bürohochhäuser ihren Inhalt auf die Straße kippen, noch hinlänglich frei. Entwicklungstechnisch war das gerade, als der gesegnete Mittagsschlaf seine

Rustico mit Mehl

Um den Teig aus der Schüssel zu bekommen, gibt es einen Trick: Ein Esslöffel Mehl drüber und das dann in die Ritze zwischen Teig und Schüssel schütteln. Der Plastikschieber drückt dann das Mehl immer tiefer in den Spalt und der Teig klebt nicht mehr an. Außerdem macht sich so eine brotmäßig marmorierte Mehloberfläche hübsch rustikal auf dem fertigen Pizzaboden.

Verankerung im Tagesablauf so nach und nach verlor. Also schnell Richtung Heimat, dann geht das vor dem Abendessen noch mit einem Stop im Supermarkt klar. Schnell, schnell. Der Supermarkt kommt in Sicht, Blinker rein, abbiegen, parken und – *Nee jetzt, echt!* Eingeschlafen. Und dann sitze ich so da und blinzle über mein Lenkrad in die spähtnachmittagig milde Sonne und denke mir, dass die da hinten das jetzt brauchen. Alles nicht so wichtig. Nichts ist so wichtig, wie dieser Kinderschlaf, dieses kleine Bisschen wundervoller Frieden. Und ein bisschen Grieß und Milch ist eh noch daheim. Geht schon, geht auch anders als gerade gedacht. Ich blinzle noch einmal. Ich schnalle mich wieder an, mache runter vom Parkplatz und fahre weiter. Ganz langsam und gemütlich.

Es folgte auf diese erste Erkenntnis so eine Zeit, wo ich zum Motzer hinter dem Lenkrad wurde, *weil die alle rasen wie die Blöden, weil die ihr Leben riskieren für den Vorsprung einer Autolänge an der nächsten Ampel, weil die ihren Frust aus dem Büro auf die Straße mitnehmen.* Diese Raser und Straßenkämpfer. Diese Anderen.

Ja, und dann hat mich mal meine kleine Tochter ganz verwundert im Rückspiegel angeguckt und gefragt: *Du Papa, warum schimpfst du eigentlich immer so, wenn wir toll wohin fahren?* Jetzt schimpfe ich nur noch ganz selten. Und wenn einer unbedingt und ganz eilig und auffahrend und lichthupend an mir vorbei muss? Dann fahre ich ganz rechts und langsam und hoffe, dass das alles gut geht und der auch heil heim kommt zu seinen Kindern.

Also, wir haben den Teig auf den Weg gebracht. In die Schüssel zurück und Deckel drauf. Der darf jetzt ein bisschen ruhen und wachsen. Vielleicht an der Heizung oder im Wasserbad in der Spüle. Die Hefe tut ihren Dienst. Da hat sich was bewegt, wenn wir nach einer halben Stunde nachschauen und die Luft nach bewährter Methode wieder etwas heraus kneten, die Blasen verfeinern. Dann wieder Ruhe.

Geht es in die heiße Phase, sollte so langsam klar sein, was drauf kommt. Aber erst mal den Teig aufs Blech. Dazu Backpapier verwenden. Sowas lässt sich auch öfter verwenden. Brösel von den Vorgängerkeksen machen sich aber geschmacklich seltsam, wenn sie in den Pizzaboden einwandern.

Wir nehmen den Teig vorsichtig aus der Schüssel und in beide Hände. So generieren wir frei schwebend einen möglichst großflächigen Fladen, indem wir den Rand auseinander ziehen. Die Mitte wächst darin von selbst. Dann alles auf das Backpapierrechteck und bis an den Rand ziehen, indem der Teig angehoben wird, die Hände drunter geschoben werden und die Finger unter dem Teig nach außen wandern. Ein Kardinalfehler dabei (es gibt nicht viele beim Kochen, aber ein paar schon): Mit den Fingern den Teig über das Blech drücken. Dieses Gefummel drückt die lockernde Luft heraus. So ein gegangener Hefeteig ist ein empfindsames Geschöpf. Nein, das stimmt nicht ganz. Eine richtige Zicke ist der.

Der Boden ist bereitet. Jetzt die Tomatenpampe. Nehmen wir frische Tomaten, dann die Scheiben ruhig auch mal erst später ganz oben und drunter den Käse. Ansonsten ist Tomate die Nummer eins auf dem Teig. Hier geht gut ein dicker Klacks Nudelsoße vom Vortag (siehe Schweizer Taschenmesser). Schnell geht eine kalt angerührte Mischung aus T-Dose und Extrakt, gepeppt mit Rosenpaprika, Oregano und Cenofix. Hier den Rest auf zwei Tüten verteilen und einfrieren für nächste Male.

Für die charakterliche Ausformung der aktuellen Variation hilft die Erinnerung an den letzten Sonntagmittag in der Pizzeria. Klassisch: Salami oder Kochschinken. Auch gut: eine Dose Tunfisch und Ringe von der Gemüsezwiebel. Ja und dann halt was es noch alles so Gutes gibt. Mögen die Kinder Oliven? Artischocken? Mais? Gewürfeltes Dörr- oder Hackfleisch? Grundsätzlich hier Achtung: Kinder sagen immer ja, wenn sie was kriegen, je mehr desto besser – Gier ist nicht eine Erfindung von Investment-Fond-Managern. Ein paar von den Herren sind nur auf diesem Entwicklungsniveau stehen geblieben. Also überlegen, was man anbietet zum Belegen.

Sind unsere Abnehmer anwesend, können nervenstarke Küchenchefs die Belegung an das begeisterte Personal delegieren: Jeder bekommt dann einen abgesteckten Claim auf dem Blech. Ansonsten Münder stopfen, anschließend 80 Prozent Diebstahl mit einem geeigneten Küchenutensil abwehren und alles gleichmäßig verteilt drauf. Hat auch seinen Reiz: So lassen sich später bei der unausweichlichen und deshalb hinzunehmenden Tauschverhandlung (Olive gegen Salamirädchen) unternehmerische Fähigkeiten für Kindergarten, Schule und das wirkliche Leben schleifen.

Der Käse: Wir überbacken. Also muss nicht der teuerste Franzohartkäse vom Feinkostladen ran. Allgäuer Emmentaler ist gut. Man kann da auch partiell experimentieren mit Appenzeller. Mengenmäßig beim Käse nicht übertreiben. In dünne Streifen geschnitten ist besser als gerieben, denn das schmilzt genauso und trocknet weniger aus. Es muss auch nicht gleich das ganze Feld und seine Schätze darunter begraben werden. Wird sonst hübsch heftig. Lieber was vom guten gelben Stück übrig lassen und zurück in den Kühlschrank damit.

Wer will, oder einen Pizzastein auflegt: hat vorgeheizt auf 200 Grad. Die Platzierung ist hier ein allgemein sehr unterschätztes Moment. Der Pizzastein liegt optimal im unteren Drittel. Wenn wir auf Blech arbeiten, dann in die unterste mögliche Position. Klappe zu und bei etwas um die 180 Grad backen. Hitzetechnisch heißt hier die Parole: Je mehr Feuchtigkeit, desto niedriger die Temperatur. Das Spielchen ist, dass man den Teig cross bekommt und trotzdem den Belag nicht dörrt.

Die Feuchtigkeit des Belags, die in den Teig suppt, ist hier ein wichtiger Faktor für das Aufgehen. Wenig Flüssigkeit gibt dabei eher Kuchen Americana. Viel Nass generiert eine crosse Platte Italiana. Beides meines Erachtens nicht so toll. Aber ganz ruhig bleiben, dazwischen liegt eine ganze Menge und das Optimum richtet sich nicht nach irgendeinem göttlichen Kulinargesetzbuch, sondern natürlich nach unserem Geschmack, der sich hausmännisch praktisch und väterlich liebevoll dem der Kinder vorauseilend unterordnet.

Nach etwas um die 20 Minuten ist unser Werk vollendet. Nicht zu lange, sonst wird der Käse braun und hart. Das kommt nicht gut bei kindlicher Kundschaft.

Käse aus der Reserve:

Bei der spontanen Art zu kochen hilft es, Käse im Gefrierfach zu haben. Gewürfelt grob im Zentimetermaß lässt er sich gefroren direkt aus der Tüte verarbeiten. Hübsch machen sich auch ein paar Brocken Mozzarella dabei. Die geben dann weiße Punkte im Gelb. Aber eingefrorener Käse taugt wirklich nur noch für Überbacken. Ansonsten genießbar ist der nicht mehr.

Die mögen weich und Fäden. Man wird als Feinschmecker geboren. Der Rest ist Erziehung.

Die finale Probe: Wir heben mit der Klinge den Teig an. Wenn er unten gerade dabei ist, braune Flecken zu bekommen, haben wir das Ziel erreicht.

BRATEN – EIN BATZEN FLEISCH

Braten ist eine gute Geschichte, weil er entgegen des ersten Anscheins nicht viel Arbeit macht. Dafür aber mächtig Eindruck.

Nötiges

1 ½ kg Schweinehals ohne Knochen

½ l Wasser+Würfel oder Brühe

eine Zwiebel

drei bis ein bisschen mehr Brocken Knollensellerie

eine Karotte

2 Lorbeerblätter

1 Teelöffel Stärke

Olivenöl

Senf

Rosenpaprika, Salz und Pfeffer

12er-Karton Pfanniknödel halb und halb

Fleisch mit Senf, Salz und Pfeffer einreiben. Auf der Platte in Öl hart anbraten. In den Ofen bei 200 Grad. Nach 20 Minuten aufgießen und gehackte Zwiebeln, gewürfelte Karotte, Sellerie und Lorbeer rein. Nach einer Stunde wenden. Und Kartoffelbälle ins Wasser. Braten raus nach ungefähr 1 ½ Stunden. Fleisch ruhen lassen. Soße mit Zauberstab glatt schreddern. Soße abschmecken und mit gelöster Stärke binden. Fleisch in Scheiben und Kartoffelrundlinge aus der Gaze.

Angesichts der Verwertungsmöglichkeiten über den aktuellen Anlass hinaus nimmt der erfahrene Hausmann ein großes Stück Schweinehals. Manchmal ist Gier beim Metzger eben doch ein guter Ratgeber. Ich würde hier auch ohne

Besuch im Haus so etwas um die eineinhalb Kilo empfehlen. Außerdem macht Groß hier genauso viel Arbeit wie Klein.

Raus aus der Tüte und, außer es ist eben frisch eingekauft, unter den Wasserhahn. Mit Küchenkrepp abgetupft und auf das Brett. Was für ein Anblick! Jetzt packen wir die Dinge aus, die wir zum Würzen brauchen. Senf (was mit Geschmack), Rosenpaprika mild, Salz und Pfeffer. Mit dem Senf fängt es an. Gut einreiben, dann hält das restliche Gewürz. Allein ist das jetzt ein bisschen lästig, weil man wenden muss und mit versauten Fingern nicht an die Gewürze geht. Ein zweites Paar Hände ist zwar nicht unumstößlich notwendig, aber hilfreich. Und für was haben wir schließlich Kinder.

Kinder helfen gerne dem Papa, wenn absehbar ist, dass man sich auch wieder verdrücken kann. Eine Absage handelt man sich auch mal ein. Ich grummle dann nur ein bisschen rum und mach meinen Kram eben alleine. Schließlich soll das in der Küche Spaß machen. Zwang macht aber niemandem Spaß. Meine strategische Überlegung dabei, die ich in 15 Jahren verifiziert haben werde, wenn ich heute richtig liege: Die einstigen Kinder sind dann gerne in der Küche und kochen. Subversiver Erziehungskram ist das, der einem über Zurückweisungen hinweghilft. Das ist letztlich auch nur so eine Vermutung, aber wenn man in den entsprechenden Kreisen zuhört, dann hört man in der Fertiggerichtefraktion eines ziemlich oft. Die haben keine Freude an dieser Arbeit. Die haben früh die Erfahrung gemacht, dass kochen eine lästige Angelegenheit ist und diese Perspektive beibehalten. Nicht immer aber oft ist Wille eben doch nur die schnöde Summe selbstgemachter Erfahrungen.

Mit rohem Fleisch in der Hand und der festen Absicht, seine hübsche Döschensammlung sauber zu halten und ohne einen dritten Arm montiert zu haben, sind hier helfende Kinder jedenfalls nützlich. Was bei mir im Notfall immer gut funktioniert, ist einen auf Mitleid zu machen. Dem Papa helfen ist dann Ehrensache, Herzenspflicht und Liebesbeweis. Geht doch.

Wenn jetzt gerade Samstag und die sonst abwesende Mama daheim ist, sollte man mit dieser Masche aber aufpassen. Über die Zeit hat sich da was entwickelt, das bei solchen Gelegenheiten gerne an die Oberfläche kocht: Die helfen lieber dem Papa als der Mama. Hat damit zu tun, dass man mehr Zeit zusammen verbringt, sich einfach näher ist. Und das ist für den Elternteil hart, der da hintenan steht. Ist schon hart für berufstätige Väter. Aber bei einer Mama, die den Spross immerhin neun Monate lang im Bauch vor sich hergetragen hat – Autsch.

Wir haben es im Alltagsgetümmel nicht bemerkt, aber die Dinge haben sich längst gemäß den Alltäglichkeiten geordnet. Der, der hinaus geht ins Büro, in die Welt, ist weniger anwesend und damit für die Kinder weniger greifbar. Weiter weg. Dass die Miete am Monatsende bezahlt ist, dass das Konto für die Dinge im Supermarkt und vielleicht auch noch für den Urlaub reicht, das ist für Kinder ein herzlich abstrakter Tatbestand. Konkret ist dagegen das Gesicht, das einen an der Tür erwartet, wenn man müde von der Schule heimkommt, der Mensch, der die Decke im Freibad hütet, der Schoß auf dem man sitzt, wenn das Knie blutet.

Es hilft wirklich, sein Mädchen anzutupsen, dass es der Mama mal in der Einkaufspassage einen Kuss auf die Backe drücken soll, weil die Mama es nämlich ist, die das Geld verdient hat, mit dem man ihr gerade ein hübsches Röckchen gekauft hat. Und auf dem Weg nach Spanien fragen wir ganz unschuldig, ob die Rückbank eigentlich weiß, warum wir gerade über die Autobahn gen Süden brettern. *Wisst ihr nicht? Solltet ihr aber. Ja, genau, weil die fleißige Mama das möglich gemacht hat.* Muss einfach mal gesagt werden. Das hilft ungemein.

Dank der Unterstützung durch Kinderhand haben wir ein hübsch versorgtes Stück Fleisch in der Hand. Jetzt ist ein Bräter das Optimum an Küchengerät (das ist so ein lang gezogener Topf mit Topfboden auch am Deckel – vielleicht was für Weihnachten von den lieben Schwiegereltern, denn der ist echt teuer). Wir verwenden für Braten den tiefen Teil. Das schirmt zwar im Ofen hitzetechnisch ein bisschen ab, aber dafür dreckt nicht alles ein. Die gleich beschriebene Vorausaktion auf der Kochplatte geht prinzipiell auch mit der Pfanne. Das verwendete Kochgeschirr sollte nur hinterher im Ofen eine gute Figur machen. Henkel und Stiele aus Holz gehen kaputt und welche aus Plastik ergebnen ein handfestes Fiasko. Dann lieber ein Geschirr mehr verwenden und für den Ofen aus der Pfanne in ein feuerfestes Etwas wechseln.

Weiter mit dem gewürzten Stück Fleisch. Topf auf den Herd und mit Olivenöl knackig vorheizen. Es darf natürlich nicht rauchen, aber es muss zischen und spritzen, wenn unser Bratenstück da aufschlägt. Mit dem Schieber oder ähnlichem immer wieder wenden, bis alle Seiten braun angebraten sind. Bloß keine Bratengabel oder sowas! Denn angestochenes Fleisch läuft aus. Und solche Verwundungen sind überflüssig. Auf keinen Fall mit irgendwas jetzt in unseren guten Schweinehals pieken. Auf der Platte geht es gerade darum, dass sich das Fleisch schließt und der Saft da bleibt, wo er hingehört. Im Braten. Einstiche drainagieren und das gute Stück ist versaut. Trockengelegt.

Allseits rund herum schön angebraten? Dann rein in den Ofen, bei 200 Grad. Kleine Fleischteile dürfen hier auch heißer, müssen aber nicht. Heißer ist schneller, aber ist unser Fleisch im Ofen, dann macht ohnehin der die Arbeit. Hier sind wir bei der kniffligsten Frage dieses Rezepts angekommen: Wie lange dauert es? Die grobe Richtschnur ist eineinhalb, eher zwei Stunden. Aber, ehrlich gesagt, weiß man das nie so genau. Es liegt am Fleisch, an seiner

---

Über den aktuellen Tellerrand hinaus

Braten ist praktisch, weil das Teil nicht nur en todo an der festlichen Tafel taugt. Kalter Braten ist ein wunderbarer Rohstoff: Gewürfelt zu angebratenen Zwiebeln und Restsoße in die Pfanne, Nudeln drauf – ein Zehn-Minuten-Essen. In dünne Scheiben aufs Pausen- oder Picknickbrot, da kann die fettige Gelbwurst aber einpacken. Klassisch für den Sommerabend. Wo auf dem Balkon gebrotzeitet wird, geht das Ding zur Butterbretze und sauren Gurken. Und für uns, die Großen noch mit frisch geriebenem Mehrrettich! Der gute Scharfe riebelt direkt aus dem Gefrierfach, wenn man ihn vor dem Einfrieren schon geschält hat.

Größe und Form, am Ofen, an den Isobaren, dem Tageshoroskop des gewaltsam aus dem Leben gedrängten Schweins... Hier hilft einzig Gefühl erwachsen aus Erfahrung. Wer jetzt kneift, ist aber ein Feigling. Erfahrung sammelt man durch machen.

Das Ziel ist Durchundsaftig. Bei zu lange droht Trocken. Die Bratzeit, immerhin ein knapper Kindergartenvormittag, wird hier für Wäsche und Kram genutzt. Dabei sollte aber immer ein kleines Stück Hirn in der Küche weilen. Ab und zu gucken. Ein- oder zweimal wenden. Jeder hat schon mal ein, zwei Scheibchen

Schweinebraten genossen. Wie hat das außen herum ausgeschaut? Erinnert euch. Macht euch ein Bild von dem, wie das Teil im Ofen fertig aussehen soll. Knusprig braun, herrlich duftender Inbegriff eines Festessens, appetitlich feucht glänzend von Saft und Fett. Da wollen wir hin. Das ist machbar. Und keine Angst, bei Schweinebraten gibt es einen Plan B, wenn wir im Zerstückeln rosig sehen. Und wenn trocken, dann ist das immer noch Braten und es gibt ja Soße dazu. Und außerdem ist dazwischen viel Platz für ein erreichbares sattes Optimum. Der Kranz dem Sieger.

Etwas, warum dieses Rezept bei Kindern ein spontanes Lächeln über alle vier Backen zaubert: Braten gibt, so wie er hier beschrieben ist, eine gute Soße. Die ist erfahrungsgemäß beliebter als das Fleisch selbst. Vor allem, wenn sie über Fertigknödel (Pfanni, halb und halb) oder selbst gemachte Spätzle schwappt.

So, unser gutes Stück hat seine ersten zwanzig Minuten im Ofen hinter sich und schon ein bisschen Farbe bekommen. Jetzt beginnt die Genese der Soße mit einem halben Liter Wasser, einem halben Brühwürfel (für Streber konzentrierte Brühe) und einer Zwiebel: Bräter raus auf die Platte. Flüssigkeit seitlich rein gießen. Brühwürfel drüber bröseln. Die Zwiebel kommt fein gehackt, gewürfelt oder sonst wie gehäckselt rein. Braten da ein paar Stückchen am Fleisch an, dann sieht das für mich hübsch aus. Haben wir Lorbeerblätter, eine Handvoll Karottenwürfel, Teile einer Sellerieknolle? Ein Stück Apfel? Ein Zweig frischer Rosmarin? Rein damit. Oder auch nicht. Dann alles schnell wieder zurück in die wohlige Ofenwärme und weiter mit Wäsche.

Nach etwas um eine Stunde wenden. Einmal wenden reicht in meinen Augen, aber hier gibt es Glaubensrichtungen, radikale Splittergruppen und Vielwender. Ausprobieren. Hier auch mal kritisch den Pegelstand der Suppe drumrum begutachten. Wir brauchen Soße. Also eventuell nachwässern.

Jetzt ist der Zeitpunkt erreicht, sich um das Beiwerk zu kümmern. Wir stellen kaltes Wasser auf die Platte und packen die Gazeteile mit trockenen Kartoffelbröseln rein, die dann mal so etwas wie Knödel werden. Die Anleitung dazu steht auf dem Karton.

So, die Wäsche ist wieder im Schrank und Genuss verheißender Bratendampf wabert aus der Küche. Wie liegen wir in der Zeit? Blickkontakt aufnehmen. Ja, das schaut gut aus. Also raus und Ofen aus. Das Fleisch kommt auf ein Brett mit Rand, oder ein tiefes Teller, wenn kein Rand am Brett. Da darf das Schwein ein bisschen ruhen. Wenn man hier gleich lossäbelt, läuft alles aus. Also auch kein Probierstückchen. Seid tapfer.

Die Soße harrt ihrer Vollendung. Vielleicht noch eine klitzeklein gewürfelte Tomate. Muss aber nicht. Ich bin ein Bröckleinliebhaber. Bei vorausgegangener hinreichender Schnibbelung der Rohstoffe muss nicht püriert werden. Aber die meisten Kinder lieben halt eine glatte Geschichte. Das erledigen wir mit dem Zauberstab aus zahnlosen Breizeiten. Man kann das Ganze auch durch einen Sieb pressen. Ist aber mühsam. Ist alles wieder im Topf?

Dann kommt das geschmackliche Finale für die Soße. Dazu das Vorhandene mit zwei Löffeln probieren: Einer geht durch die Soße und gibt es auf den anderen. Muss gar nicht viel sein. Dann blasen! Das muss sein, denn das ist heiß. Noch Salz? Lieber kein Paprika. Aber vielleicht drei Brösel Kräuter? Macht was draus. Die Soße ist die Seele dieser Geschichte und der geben wir hier unseren ganz persönlichen Charakter. Gut würzen heißt, dass es interessant schmeckt. Wenn es nur noch salzig, oder nur noch nach Paprika schmeckt, dann ist das nicht interessant. Bei Kräutern sollte man probiertechnisch dran denken, dass die eine Weile Wärme brauchen, um sich zu entfalten. Also bescheiden einbröseln, gut und in aller Ruhe unterrühren und dann nochmal kosten.

Hoffentlich haben wir genug Flüssigkeit mit gebraten, denn hier darf man nicht mehr aufdünnen. Das schmeckt nämlich dann auch so. Aber ein Schuss Wasser wird gebraucht. Zum Eindicken. Ein Schluck ins Glas und da rein kommt ein Esslöffel Stärke. Immer rühren, wenn jetzt die Stärkemischung vorsichtig dazu gegossen wird. Klumpengefahr. Im Aufkochen arbeitet die Stärke und die Geschichte wird sämig, wird Soße. Rührend runter von der Platte, bevor es Schleimpudding wird. Fertig.

Ah, das Fleisch. Jetzt dürfen wir. Der Anschnitt gehört dem Koch. Hier startet im Notfall der Plan B: Sollte nach der dritten Scheibe das Herz unseres Schweinebratens nicht ganz durch erscheinen, dann schneiden wir schnell alle Scheiben, die aktuell verbraucht werden und geben sie in die Soße. Noch einmal einschalten und durchkochen – geht halt dann nicht anders.

In jedem Fall wird bei der Schneidung Saft fließen. Der ist kostbar. Stippt mal den Finger rein, dann wisst ihr, wovon ich spreche. Daher lieber mit dem Messer auf einem Teller arbeiten und die Klinge schinden, als auf einem Brett ohne Bratenrand. Und die klare Flüssigkeit wird dann natürlich in unsere Soße gekippt und eingerührt. Jetzt kommen noch die kartoffeligen Bälle aus der Gaze und es kann serviert werden.

Nach dem Essen unbedingt eine Verdauungspause einkalkulieren und die dicken Bäuche erst mal übers Sofa rollen. Das hilft. Ein wahrhaft glücklicher Mann, der eine bolivianische Hängematte sein Eigen nennt, die in sanfter Brise unter Halbschatten spendendem Laub schaukelt.

EINE ANGELEGENHEIT MIT VIEL GEMÜSE: FLEISCHKÜCHLEIN

Auch Karnivoren brauchen Vitamine. Damit geht's. Außerdem eine gute Kindergeburtstagsnahrung.

Das wird verbraten

400g Rinderhack

2 Eier

eine kleine Zwiebel

200g Zucchini

100g Semmelbrösel / altes Brot

Sesamöl

Olivenöl

Hackfleisch und Eier in Schüssel vermatschen. Zwiebel in halbe Ringe, Zucchini in feine Stifte schneiden. Knetend Semmelbrösel oder die kleinen Stückchen Brot rein. Würzen, zum Beispiel mit einem Esslöffel Sesamöl und einer Fingerspitze (das was zwischen Zeigefinger und Daumen passt) Salz. Hände anfeuchten und Bällchen drehen. Flach drücken. In die geizig geölte Pfanne, wenden. Braten, bis es durch ist. Essen.

McDonalds ist was Lustiges alle drei Monate. Für Kinder nicht wegen dem Essen. Sondern wegen diesem wechselnden und durch die Bank schwachsinnigen Plastikbeiwerk, das eine Juniortüte erst begehrenswert macht. Und natürlich wegen dem Becher schwarzbraune sprudelige Cola, den es bei mir praktisch nur in Verbindung mit diesem kulinarischen Abweg gibt. Ich persönlich mag so einen BigMac dann ganz gerne. Lustig: Meine Kinder verschmähen das Brötchen und machen sich nur über die salzigen Pommes her und das auch nur, solange die warm sind. Das gibt dann wirklich ein schnelles Essen.

Dabei mögen Kinder erfahrungs- und erwartungsgemäß gerne Hamburger, wenn die nicht nur geschmacksverstärkten Dreck enthalten. Und das Herz eines Hamburgers ist ein Fleischküchlein. Okay, man braucht daraus nicht wirklich einen Hamburger zu machen. Die schmecken auch so. Das muss dann trotzdem keine Fleischorgie sein, wie das Rezept hier beweist.

Der Klassiker ist Fleisch, Semmelbrösel, Zwiebeln und Eier. Serviert man ohne viel Beiwerk, dann kann da aber noch hübsch Zucchini rein, oder Karotte, oder eben alles vegetarische, das ein bisschen fester ist. Ein Blick ins Gemüsefach des Kühlschranks bringt einen da weiter.

Fleisch heißt bei mir hier Rinderhack. Das muss man dem Metzger sagen, sonst bekommt man einen Mix von Schwein und Rind. Ich finde, Rind pur schmeckt einfach mehr nach Fleisch. Das ist dann aber ein bisschen teurer.

Die Eier dazu in die Schüssel. Die halten in der Pfanne später alles zusammen. Drauf kommen die Semmelbrösel. Die dürfen, müssen aber nicht aus dem Karton rieseln. Das hier ist eine gute Gelegenheit, altes Brot zu verwerten. Von dem kommt pausentechnisch gerne mal die Hälfte wieder heim aus Schule und Kindergarten, wenn es nicht mehr so ganz superfrisch-mit-einem-Bein-noch-in-Backstube ist. Altes Brot einfach möglichst klein schneiden und rein damit. Das feuchtet gleich durch und wird weich. Und hier wird es bestimmt nicht verschmäht.

Zwiebel gewürfelt werden trotz Ei tendenziell in der Pfanne herausbröseln. Deshalb bekommen die einen Fleischküchlein-Spezialschnitt: Halbieren und dann schräg um die 45 Grad wechselnd von beiden Seiten her klammergriffeln. So dünn, wie es nur geht. Das gibt dann bei der Arbeit auf dem Zwiebelhalbling eine spitze Kante, die im Schneiden um die Mitte nach hinten Richtung Strunk mäandert. Heraus kommen feine Viertelringe, die sich ganz gut im Teig halten.

Für Hamburgerinhalt war es das jetzt. Halt, gewürztechnisch mindestens noch ein bisschen Salz – sonst ist das Fade. Sesamöl, ein bisschen Paprika – nicht übertreiben damit – und vielleicht ein Hauch Pfeffer erweitern den geschmacklichen Horizont. Beim ersten Mal bekommt man jetzt einen guten Einblick in die optimale Beschaffenheit des Fleischküchlein-Teiges. Also zwischendurch mal alles vermengen und gucken.

Wir machen weiter. Eine kleine Zucchini stifteln. Schräg in dünne Scheibchen, kleiner Berg und in Streifen gehäckselt. Das sollte fein sein. Ist es wirklich eine kleine grüne Wurst gewesen, dann kommt die einfach mit rein. Wenn es in der Schüssel aber damit zu trocken wird, dann ein Ei mehr dazu. So und jetzt tut es dem Teig gut, wenn er eine halbe Stunde seine Ruhe hat und durchziehen kann. Haben wir keine Zeit, hat der Teig eben Pech gehabt.

Eigentlich habe ich selten Zeit am Vormittag. Gibt so viel zu tun, wenn man zwei, drei Stündchen freie Bahn hat. Kann man sich via Zeitung auf den neuesten Stand bringen, was es so gibt in der Welt. Kann man Ofen putzen. Kann man ein Kochbuch tippen. Es gibt eine Menge Dinge, die gut gehen, wenn die ganze Bande aus dem Haus ist. Es gibt da aber auch diese Tage, an denen man dasitzt und die grauen Wolken vor dem Fenster die Gehirnwindungen dumpf in Watte packen. Der Ofen ist überfällig. Die Zeitung liegt neben der Tasse mit längst kaltem Kaffee und auf Bröseln und Butterspuren vom Frühstück. Bleibe sitzen. Gucke aus dem Fenster. Irgendwie ist es gerade einfach nicht möglich, den Hintern hoch und das Chemiezeugs von unter der Spüle in das dreckstarrende Menetekel zu verteilen. Dafür frage ich mich, warum ich das alles mache. Der Ofen wird bald wieder dreckig sein und das Kochbuch liest eh keiner. Den Kindern ist das alles auch wurscht und die Mama motzt am Abend sowieso. Bleibe sitzen. Dumpfes Brüten. Die Zeit vergeht langsam und zäh und ich mache etwas, das ich sehr selten mache: nichts.

So ein ausgewachsener Depri-Anfall kann bei mir eine stattliche Anzahl von Minuten verschlingen. Die Rettung aus diesem lähmenden Vormittagssumpf ist dann oft das Kochen. Denn irgendwann kommt die Zeit, in die Küche zu gehen. Die alternative Raviolidose ganz, ganz hinten im Regal geht einfach nicht, wenn frisches, verderbliches Hackfleisch im Kühlschrank wartet und bloß weil ich keine Lust habe. Also doch: Hintern hoch. Der Blick auf die Uhr – *Was, schon halbzwölf!?* – mahnt zur Eile. Der Ofen bleibt heute dreckig. Na und! Wir zeigen es der Zwiebel mit dem scharfen Messer aber so richtig. *Ha, nimm das.* Schon hat diese Maschine, die sich Familie nennt, mich wieder in ihrem Räderwerk assimiliert, aufgesogen. Ich funktioniere. Dann klingelt es und die Maschine bekommt ein von der Schule müdes Gesicht. Bin froh, dass ich was Gutes habe für den Kinderbauch. Der zugehörige kleine Mensch erzählt dann, nachdem der

Ein wichtiger Gruß von Daheim

Bei Pausenbrot, das wieder daheim landet, darf der Papa grundsätzlich nicht schimpfen. Eine halbvolle Box auf der Spüle am Mittag ist – schließlich mit Liebe bereitet – vielleicht frustrierend, aber das ist keine Zurückweisung. Vielleicht eine Maßregelung, die uns sagt, dass wir etwas anders gemacht haben als gewünscht. Es muss da nicht die Sonderration Gummibärchen sein, darum geht es nicht. Wir bleiben bei ausgewogen und gesund. Im Fall Pausenbrot sollte man aber meiner Meinung nach auf Wünsche reagieren. Mit den Konsumenten reden. Sich einigen. Hier muss alles stimmen. Zum Beispiel, wenn es um die Frische von Brot geht. Und zu beurteilen, ob alles stimmt, das ist die Kompetenz der aushausigen Abenteurer. Hier schlägt Selbständigkeit erste Wurzeln.

Zweck einer Brotzeit ist dabei, die Kinder da draußen zu verköstigen. Und die haben es schwer so fern des vertrauten Bodens der Familie. Eine hübsch angerichtete Schachtel kann da schnell ein wertvoller Gruß von jemandem sein, der sie lieb hat. Das hilft dann energetisch und emotional. Aber nur, wenn diese Schachtel eine Freude beim Aufmachen und nicht mit Zwang belegt ist. Lebensmittel sind zum Leben da. Kinder leben nicht für diese Dinge. Und auch nicht dafür, dass der Papa sich toll fühlt.

letzte Tupfer Ketchup mit dem Finger vom Teller geleckt wurde, von diesem bösen Smiley, den ihm die Mathelehrerin unter seine Hausaufgaben von gestern gemalt hat. *Der lächelt nämlich gar nicht,* sondern zieht die Mundwinkel nach unten. *Das muss ich sehen. Zeig mal her.*

Ja, so ein bisschen ordentlicher hätten die krakeligen Zahlen schon in die Karoquadrate gemalt werden können. Aber dann sehe ich die glasigen Augen und höre das empört kurzatmige Schniefen. Und dann sehe ich es: Ja, die Welt ist nicht immer lustig. Nicht für uns Männer daheim, nicht für Kinder, die ihre ersten Schritte vor die Tür machen. Für niemand. Und dann brechen alle Dämme und ein Rotz und Tränen verströmendes Wesen sitzt auf meinem Schoß. Schlingt die Ärmchen um meinen Hals. Und dann denke ich mir, dass diese Welt auch das ein oder andere richtig tolle Geschenk serviert. Einfach so. So ein bisschen gerührt sage ich dann: *Ich bin ja da.* Und dann überlege ich mir verblüfft, was ich da gerade gesagt habe. Ja, genau, das ist es. Das ist der Grund, die Antwort auf dieses noch vor einem Stündchen so an meiner Seele nagendem *Warum*. Das ist das große Geschenk, das wir Hausmänner bekommen, indem wir es machen: Wir können für unsere Kinder da sein, wenn die uns brauchen. Eine tolle Sache ist das.

Um nicht durch rauchendes Öl unter Druck zu geraten, formen wir die erste Ladung bevor die Pfanne auf die Platte kommt. Dazu einfach den Schüsselinhalt in kleine Bällchen drehen. Wir haben hinlänglich Routine mit Knetgummi. Da ist das kein Problem. Hilfreich sind dabei feuchte Finger. Ein Schüsselchen neben das Schneidebrett, wo wir die platt gedrückten Kugeln zwischenlagern und dann pappt das weniger an den Fingern. Die Größe der Teile ist wieder mal Geschmackssache. Kinder wollen klein, größer geht schneller. Halt was dazwischen.

In der Pfanne mit heißem Olivenöl braten. Das geht ganz schnell, wenn man darauf achtet, dass die Teile gleichmäßig um einen Zentimeter dünn immer schön aufliegen. Also nicht bis an die Pfannenkante hoch reinstopfen. Dann wird auch alles satt durch. Rind oder nicht, da ist Ei dabei. Also durch.

Gemüseteile gehen mit Ketchup so auf den Tisch und werden als Fingerfood behandelt. Ein paar Ringe Gurke dazu oder Tomatenschnitze. Was in der Art. Die Klassiker ohne brauchen noch ein paar aufgeschnittene Brötchen (wenn es wirklich sein muss, aber auch nur dann, dann diese Schaumgummiteile aus dem Supermarkt) und ein gewaschenes Salatblatt. Vielleicht saure Gürkchen in Scheiben, vorab in der Pfanne gebräuntes Dörrfleisch (fett ungesund, aber geschmacklich ein Knaller), Mayo und so Zeug. Frei nach Geschmack und Tatendrang des Küchenchefs. Hier liegt auch eine Chance, einen Kindergeburtstag kulinarisch zu behöhepunkteln. Das kann man alles gut vorbereiten und ein kleines Buffet anrichten.

Was man bei diesem Rezept eigentlich gar nicht erwartet: Hier kommt im Verhältnis weniger Fleisch auf den Tisch als bei einer Schnitzelaktion. Und wir haben mit den Zucchiniteilen wieder mal eine hübsche Ladung gesundes Gemüse an das Kind gebracht.

SQUIDDLYDIDDLY UND ZUCCHINI AUF PFANNKUCHEN MIT DIP

Zucchinigeschichte, die gerne gegessen wird.

Das geht rein
150g Tintenfisch (hinreichend, mehr ist besser)
300g Zucchini
eine Zwiebel
ein Ei
200g Mehl
300g Wasser
½ Teelöffel Salz
ein Teelöffel Hondashi
Olivenöl
Balsamico Essig
Sojasoße

Schüssel raus und alles rein, wenn es geschnitten ist: Tintenfisch der Länge nach halbieren und Hälften in feine Streifen. Zucchini in noch feinere Stifte. Zwiebel in dünne Fächer. Salz und Hondashi. Ei drauf. Mehl drauf. Wasser einarbeiten. Pfannkuchen braten und in kleine Happen schneiden. Happen auf Teller. Essig-Sojasoße-Dip mischen. Essen.

Gemüse ist Kindern schwer zu verkaufen. Zucchini – Bäh! Pfannkuchen geht dagegen immer. Das ist jetzt schon ein bisschen fies, so was zu mixen, aber irgendwie müssen die Vitamine rein. Und das hier ist so eine Mischung, die alles hat, was eine waschechte Leibspeise braucht. Besonders die obskuren weißen Würstchen da drin sind knackig angebraten heiß begehrt.
Zucchini ist ein ernährungstechnisches Zaubergemüse aus Italien. So eine richtig hübsche Kombination aus Vitaminen, Bitterstoffen und all dem Zeug, das einem gut tut. „Selen". Hört sich doch toll an. Sowas braucht man. Echt. Die

kleinen Früchtchen sind dabei die besten und am besten hübsch hell gesprenkelt. Das ist die gute Nachricht. Die schlechte: Kindertechnisch hat Zucchini herzlich wenig zu bieten. Geschmack: Hm, eher dezent. Konsistenz: Lasst uns darüber schweigen. Diese Teile müssen wir unserer Kundschaft also erst mal verkaufen. Das geht. Zum Beispiel mit dem Rezept hier.

Wir brauchen zu der Grünen noch einen Hut Tintenfisch. Die gibt es gefroren nicht überall, aber es gibt sie. Zur Not eine Tüte Tintenfischringe kaufen und die hässliche Panade runterpopeln. Den Hut tauen wir auf – ich gestehe, bei mir geht das radikal unter warmem Wasser aus dem Hahn. Dann die glibberige Geschichte in feine Ringe schneiden und sie dann halbieren. Oder halbieren und dann in Streifen – das ist Wurscht. Ein scharfes Messer sei hier aber in jedem Fall angeraten. Fertig? Bestandteil Nummer eins wandert in die Rührschüssel.

Die gute Grüne wird gewaschen und in Scheiben geschnitten. Die Scheibchen häufeln wir dann zu einem länglichen Berg auf dem Brett und machen uns per Klammergriff darüber her. Die Stiftchen sollten fein sein, dann fallen die hinterher im Teig optisch weniger ins Gewicht und niemand kommt auf die Idee, die mit spitzen Fingern wieder heraus zu pfriemeln. Die Zwiebel wandert in feine Fächer obendrauf.

Jetzt liegt schon ordentlich was in der Schüssel. Dabei ist 100 Gramm von diesunddas mehroderweniger relativ schmerzfrei. Da geht es nicht wirklich so genau. Ist auch Geschmackssache. Keine Reste heißt dabei meine Maxime. Wichtig ist nur, dass sich das Resultat hinterher in der Pfanne zu einem kompakten Teil braten lässt, das nicht ausschließlich nach Mehl schmeckt. Das reguliert sich aber wesentlich über Mehl und Wasser, das wir bei Abweichung bedarfsgerecht anpassen.

Zu unserem Zwischenstand packen wir ein bisschen Salz in die Schüssel. Knapp halber Teelöffel. Bei den Asiaten gibt es da etwas, das sich nett in der Geschichte macht: Statt dem Salz ein üppig ganzer Teelöffel brauner Brösel namens Hondashi drauf. Dieses Brühwürfel-Pulver aus Fischsuppe riecht nicht wirklich fein, wenn man die kleinen Tütchen aufmacht. Aber irgendwie ist Hondashi geschmacklich hinterher die perfekte Abrundung von solchen Sachen mit Fisch. Mutige würzen damit sogar ihre Fleischküchlein.

Das Mehl und das Ei rein. Die Finger auch. Das hier geht am besten mit den Fingern. Genauer gesagt, mit den Fingern einer Hand. Die andere brauchen wir für das in einer vom Frühstück übrig gebliebenen und flüchtig dekontaminierten Tasse abgewogene Wasser. Kneten. Jetzt schluckweise das Wasser drüber und immer schauen, dass nichts klumpt. Keine große Kunst. Bloß eine Pamperei.

Wir waschen die Finger und holen die Pfanne und das Olivenöl aus dem Schrank. Der Teig fließt ganz gut rein. Die Feststoffe danach einfach gleichmäßig auseinander stupsen. Auf recht heißer Platte arbeiten und nicht geizen mit dem Öl, dann wird das schön knackig. Wieder die Tour, dass nach dem ersten Pfannkuchen immer erst vor dem Wenden ein Schluck Öl auf die rohe, aber schon feste Oberseite kommt.

Was fertig ist, wandert auf ein Schneidebrett. Dort die Fladen in Quadrate – Seitenlänge exakt 3,72 Zentimeter – schneiden und dabei mit der schnellen Klinge nicht diese lästigen kleinen Finger erwischen, die ihr erstes Tintenfischstückchen angeln.

So ein Stück mopsen kann eine gefährliche Sache sein, wenn der Papa zwischen Schneidebrett, Anrichtteller und Pfanne rotiert. Kinderfinger hab ich mit dem Messer zwar noch keinen erwischt. Das wuselige Töchterchen schmerzhaft niedergerannt, das ist dagegen schon vorgekommen. Und ja, dann gibt es Geplärr, oder noch schlimmer zusammengebissene Lippen und ein tapferes Schnauben, das den baldigen Überlauf der Tränendrüsen ankündigt. Da heißt es schnell reagieren, denn wenn man hier tröstend knuddelt, wendet das in der Regel den ganz großen Ausbruch ab.

Und, ja, ein Happs vom frisch gebackenen hilft. Dabei ist trösten mit Essen, da bin ich mir ganz sicher, eine sichere Methode, um später mal ein dickes Kind an den Mann/die Frau bringen zu müssen. Essen ist prinzipiell Zweck an sich. Essen ist lebenswichtig. Und das ist genug. Da muss man nicht noch andere Funktionen aufpropfen. Als Trost wird da etwas funktionalisiert, das vom Wesentlichen, vom Gesunden abweicht. Wenn man, wie hier als Probierstück, zwei Fliegen mit einer Klappe schlägt, dann geht das in meinen Augen schon mal okay. Aber das muss die Ausnahme sein. Ansonsten gilt: Essen ist essen und gut.

Trösten können Papas auch so. Ich wage zu behaupten, dass sie da erziehungstechnisch etwas haben, das sie besser können als die weibliche Konkurrenz. Kommt so ein zwergiger Wehleidling jaulend angerannt, bleibe ich entspannt. Ich muss nicht von der nachmittäglichen Spielplatzlektüre aufblicken, weil ich die Tonlage meiner eigenen Kinder kenne. So genau kenne, dass ich nicht nur augenblicklich weiß, was mich betrifft und was die anderen anwesenden Erziehungsverpflichteten. Meine Profession geht noch ein ganzes Stück weiter. Die Frequenz, die Tonlage, die Nachhaltigkeit erzählt mir in einer Sekunde, ob es schmerzhaft oder nur ehrverletzt, ob es vom aktuellen Seelenkostüm des tragisch Verunglückten verkraftbar ist oder ob da ein müder Krieger so langsam wirklich ins Bett muss. Da gibt es Momente, wo ich mir denke, dass unsere Kundschaft uns wirklich gut erzogen hat. Das trifft noch für Mütter und Väter gleichermaßen zu, so sie in den Nahkampf mit Kindern nicht nur wochenendig verstrickt sind.

Der Unterschied, was die Geschichte mit dem Trösten angeht, kommt jetzt. Mamas reagieren in der Regel viel emotionaler. Noch bevor das bedürftige Subjekt das Ziel seines Drängens erreicht hat, haben drei von vier Mamas instinktiv die Tasche unter der Bank hochgeangelt und kramen: Arnikaglobuli, die garantiert schmerzfreie Wunddesinfektion und die Dose mit den Pflastern warten auf den Einsatz. Und dann natürlich noch das Tröstekekschen.

Es gibt auch Papas, die sich ohne so eine Basisausstattung nicht auf den Spielplatz trauen. Ich schon. Papas gucken in der Regel erst mal, sobald die große Welle drüber gegangen ist. Ja, das Knie blutet. Sonst noch was kaputt? Schädelhirntrauma? Oberschenkelhalsfraktur? Nein? Puhhh! Ja auch ich bin erleichtert, wenn im Fall des Falles noch alles dran ist. Der Rest geht dann schon irgendwie. Eine Spielplatzhose darf man auch mal flicken. Schon wieder... Heute Abend, wenn die Kinder im Bett sind.

Komm, in der Wasserflasche ist noch was drin. Das Blut waschen wir ab und dann kannst du wieder los auf die Rutsche. Halt! Mal was trinken, so wie du schon wieder schwitzt?

Diese, nennen wir es *Methode Mann* hat mehrere Vorteile. Zum einen reagieren Kinder auf das, was im Angebot steht. Wenn da ganz, ganz große Show geboten wird – zum Beispiel von der Mama – dann nimmt man die auch mit. Und das selbst beigesteuerte Jammern macht es dann noch schlimmer und so ist das ein sich selbst verstärkender Prozess. Nicht wirklich zielführend. Keine Aufregung von Papa heißt dagegen, dass es nichts gibt, worüber man sich groß aufregen muss. Wenn dann einer nachhaltig klagt, dann hat der in der Regel einen guten Grund und man schaut besser in Ruhe nach und überlegt sich im Bedarfsfall den schnellsten Weg zur nächsten Unfallambulanz.

Weil Kinder von Papas tapfer sein müssen, sind sie es meistens auch. So haben die mehr Zeit, zum Klettern und Ausprobieren und sind schlussendlich geschickter als die tollpatschigen Mamasöhnchen, die derweil immer noch auf dem Schoß derselben mit Sandkastenfingern ihren unverdienten Keks krümeln. Schnief, schnief. Eine Tröstungsorgie ist kein Liebesbeweis, sondern Spezialdünger für aufkeimende Weicheier und wassertriebige Wehleidlinge.

Zurück in die Küche. Nachdem das Messer – hoffentlich unblutig – seinen Dienst getan hat, geht es an die Präsentation. Ist wichtig. Auge isst mit. Die Quadrate hübsch

Angst schmeckt bitter

Geld sparen kann man beim Thema Sojasoße. Das Teil gibt es in jedem Supermarkt – in winzigen Apothekerfläschchen mit exotischen Milliliterangaben drauf. Die kosten dann genauso viel wie der runde volle Liter im Asialaden. Und Sojasoße hält sich mindestens bis zum nächsten Atomkrieg. Atomspaltung, ja das ist hier leider auch ein Thema geworden. Ich nehme bei Sojasoße Kikkoman aus Japan. Immer noch. Wer nach Fukushima Angst vor Strahlung hat, sollte vielleicht auf ein Sößchen aus anderen asiatischen Regionen setzen. Angst schmeckt nicht. Das hat nichts mit Fakten drum herum zu tun. Das ist für sich ein Faktum. Ich mag aber nun einmal Kikkoman. Außerdem kaufen die ihre Zutaten genauso in der ganzen Welt ein wie alle anderen Lebensmittelkonzerne auch. Da ist dann genauso viel Brasilien wie Japan drin. Ja, das ist jetzt gerade eine zarte Prise Werbung – Werbung gegen Hysterie und für Geschmack. Die allerbeste Sojasoße gibt es übrigens im Sushi-Restaurant. Da liegen so kleine Plastikfischchen rum mit einem roten Drehknopf am vorderen Ende. Was da drin ist, ist echt guter Stoff. Und, nur so ein Gedanke, man könnte da die Kinder vorschicken, um ein paar extra einzusacken.

gefächert auf einem großen Teller oder einer kleinen Platte anrichten und darüber den Fladen nicht vergessen, der gerade in der Pfanne schmurgelt. Wenn der letzte durch ist, schnell servieren. Je frischer aus der Pfanne, desto knackiger, desto besser.

Die kleinen Rechtecke sind ein guter Einstieg in asiatische Esskultur. So etwas braucht es heutzutage und das macht Spaß. Also: Wir servieren mit Stäbchen. Na, wie steht es da mit den Fähigkeiten des Papas?

Und wir servieren mit Dip. Ein genialer Dip! Einfach etwas um einen guten Esslöffel Sojasoße und die gleiche Menge Balsamico-Essig auf einen Unterteller oder in ein klitzekleines Schüsselchen in Fischform. Solche putzigen Dinge lieben Kinder und die wandern im Chinaladen einfach mit auf das Kassenband, wenn wir den Tintenfisch, das Hondashi und die Sojasoße kaufen. Die haben da immer so kleinen Nippes herumstehen und der ist hübsch und kostet nicht viel. Und er zaubert einem kleinen Mädchen ein Lächeln auf die Backen, das noch aus dem Kinderzimmer leuchtet, wenn das Töchterlein längst selig schlummernd über zartrosa Traumwölkchen tollt.

ALLES IN EINEN TOPF: EINTOPF

Alles rein, kocht allein, schmeckt mhm, gut. Einfach, macht satt und eine runde Sache im Kinderbauch. Einmal aufgewärmt fast noch besser.

Das kommt hinein
Eine Beinscheibe, oder 400g Bug
250g Zwiebel
600g Kartoffel
350g Karotte
½ l Wasser
1 halber Brühwürfel
2 Blätter Lorbeer
Potentielle Erweiterung möglich mit Lauch, Sellerie, Paprika, Tomaten, alles mögliche Wurzelzeug

Großer Topf. Zwiebel grob würfeln. Fleisch klein würfeln. Zwiebel mit Olivenöl und halbem Brühwürfel anbraten. Bei glasig Fleisch rein. Aufgießen. Zurückschalten. Kartoffeln würfeln und zugeben. Karotten würfeln und zugeben. Lorbeer nicht vergessen. Leise kochen 45 Minuten.

Es beginnt mit einem Topf. Hier geht alles, was groß genug ist für die Feststoffe plus einem (großzügig ausgelegt) halben Liter Aufguss, und das einen Deckel hat. Auf die Platte damit. Noch nicht einschalten.
Erst wird losgemetzelt. Nein, wird noch nicht. Erst alles schälen, was Gemüse ist und den Abfall gleich runter von der Arbeitsfläche. Okay, jetzt los. Die Zwiebeln als erstes. Grob geschnitten. Soll heißen halbiert, die Hälften zweimal eingeschnitten und unter dem Klammergriff in Stücke gehackt. Erst mal auf die Seite, denn wenn die drin sind, geht es zügig weiter mit dem Beschicken.

Wir packen das Fleisch auf unser Schneidebrett. So eine Beinscheibe ist hübsch. Kurz die Maserung, die Eleganz des Schnittbildes der Muskelstränge bewundern und dann raus mit dem Knochen. Ist das Messer auf der ganzen Schneide scharf? An der Beinscheibe muss es sich beweisen. Ein Finger drückt den Knochen auf die Unterlage und dann geht die Spitze des Stahls rundherum an die Arbeit. Der Knochen gibt Geschmack, wenn er mit rein darf. Also auf die Seite damit und später zum Fleischanbraten in den Topf. Bug ist optisch nicht ganz so interessant, aber arbeitstechnisch macht er wenig Unterschied. Beim Fleisch, anders als bei den Zwiebeln, nicht faul sein. Wenn die Happen zu groß sind, haben Kinderzähne, die nicht so gut zermahlen können, damit ein Problem. Mein Maß: fingerlang und fingerdick. Nicht faul sein: Kinderfinger! Wenn es wo sehnig wird, hilft das Messer vorauseilend bei der späteren Kauarbeit. Klein geschnittenes Fleisch hat auch den Vorteil, dass es schneller Suppe kocht und mehr Oberfläche zum Anbraten gibt.

Auf ans Anbraten (wie das alliteriert). Hitze, volle Lotte und ein dickes Teil Olivenöl in den Topf. So dass der ganze Boden gut bedeckt ist, es sei denn es steht ein Zwei-m² -versorge-die-Fußballmannschaft-Gerät auf der Platte. Dann ein bisschen weniger. Ihr wisst schon.

Zwiebeln rein. Rühren. Die Zwiebeln lassen wir erst ein bisschen alleine glasig werden. Wer will, kann es hier mit einem halben Brühwürfel etwas herzhafter gestalten. Einfach über die Zwiebeln zerriebeln und schon steigen Dämpfe auf. Jemand guckt neugierig um die Ecke, ob es schon was abzustauben gibt. Gibt es nicht. Zurück auf Lego marschmarsch.

Rühren. Ein stabiler Holzschieber ist dazu mein Favorit, aber es geht alles, das nicht schmilzt und eine glatte Kante zum schabbeln hat. Die Zwiebeln haben nachher noch Zeit genug zum weich kochen, also bald das Fleisch drauf. Es zischt im Topf. Immer schön rühren. Wenn der Topfboden klein ist, oder wir eine doppelte Ration kochen, weil die Nachbarbuben nach einer Runde im Planschbecken partout nicht heim wollten, dann das Fleisch portioniert auf zwei oder (Angeber) drei Etappen kurz hintereinander zugeben. Die Stücke brauchen Hitze und wenn man zuviel auf einmal rein macht, kühlt das die Platte und das Fleisch verschließt sich nicht. Dann läuft es aus und wird zäh und das gibt Punktabzug. Rühühühren.

So jetzt hat sich das Fleisch satt braun angebraten. Nicht überall, aber doch ordentlich. Sonst grau und vielleicht zeigt sich bei einem Klumpen, der nicht von seinem Nachbarn lassen wollte, noch eine Spur rosa. Vielleicht ist der Boden etwas verpappt, aber das – wenn es nicht schwarz ist – macht auch nichts. Wir müssen das hinterher nicht kratzen. Das kocht sich los. Das erledigt das Wasser, das wir jetzt zugeben. Ein halber Liter. Sieht viel aus, aber bei mir ist die Suppe eh das Zentrale der Geschichte. Schmeckt schlussendlich echt gut und zu wenig ist da fast ein bisschen schade. Außerdem werden das Köcheln und die Kartoffeln noch genug binden. Ihr dürft jetzt aufhören mit Rühren.

Ja, Wasser spielt eine große Rolle in der Küche und im Leben mit Kindern. Auch abseits zur Freibadersaison sollte man ab und an mal die Fortbewegung in diesem wundervollen Element vertiefen. Das heißt dann Hallenbad. Der Schwimmkurs ist ein Klassiker und hinterher jeder Nachmittag dort ein Vergnügen. Die können nach Herzenslust toben und grauwetterbedingt aufgestauten Bewegungsdrang in höchst gesunder Art und Weise ausleben. So bekommt man die endlich mal wieder richtig müde.

Wenn meine Füße im lauwarmen Nass stecken und ich vom Beckenrand die Lage überblicke, dann wundere ich mich immer, warum diese tolle, gemeindlich unterstützte und darum für uns Papas relativ billige Einrichtung so wenig genutzt wird. Na ja, eigentlich ist Werbung fürs Hallenbad jetzt ein Eigentor. Denn, wenn das Kinderbecken dreiviertel leer ist, dann haben wir mehr Platz für unseren Schwimmnudelexpress und einen verbissen ausgetragenen Wettkampf, wer länger unten bleiben kann. Aber ich bin ja ein lieber Mensch und muss mein Geld hier beratungstechnisch ehrlich verdienen. Also Leute, auf ins Hallenbad!

Die Kinder reagieren durchweg mit Begeisterung auf diese Ansage. Weswegen ich mir angewöhnt habe, das erst nach dem Mittagessen zu sagen. Dass die auch noch Zeit haben für eine Gabel kohlenhydratgesättigte Nudeln und nicht sprunghaft die Tischgesellschaft auflösen, um nach ihren Badesachen im Schrank zu kramen. Bei mir hat jeder seine eigene Tasche, für die er auch höchstselbst verantwortlich ist. Ich guck nur vor dem Ausderhaustür, ob auch überall die Badehose drin ist.

Der Rest ist mir dann piep. Aber dieser Rest ist wichtig. Zentral: Die Taucherbrille. Nicht diese nasenlosen Schwimmbrillen. Damit lernt man, sich voll tussimäßig die Nase zuzuhalten. Pah! Mit einer richtigen Taucherbrille dagegen lernt der Tauchermann vielleicht sogar den Druckausgleich, der nächsten Urlaub beim Schnorcheln ungeahnte Tiefen eröffnet. Und außerdem kann man damit Handstand unter Wasser machen. Und auf dem Rücken schwimmen kann man damit auch. Ist lustig, wenn oben und unten die Plätze wechseln. Hat auch der Papa Spaß dran. Im Kinderbecken braucht es außerdem auch unbedingt einen kleinen Aufblasball und wie gesagt, meistens ist nachmittags unter der Woche genug Platz. Diese bunten Schaumstoffnudeln und ein Schwimmbrett finden sich bei uns im Bad selber. Das ist wirklich ein toller Service, denn normalerweise hat man mit Anhang auch so schon genug zu schleppen. Dass die meistens von denen ein bisschen angenagt sind, nehme ich da gerne in Kauf.

Badengehen ist bei mir ein Ritual. Die Kinder kennen den Ablauf. Kram packen, Anreise, umziehen, duschen. Die wissen auch, dass ihnen die Zeit, die sie auf dem Weg zum Beckenrand vertrödeln, hinterher nicht draufgelegt wird. Dieses Bewusstsein zeitigt Wunder. Wenn man gemein ist, nutzt man diesen Zustand außergewöhnlichen Bravseins für die Erledigung der ein oder anderen Kleinigkeit am Wegesrand.

Baden macht einfach Spaß. Und dass das den Leuten um uns herum auch Spaß macht, erfordert ein bisschen Achtsamkeit. Das können die Kinder hier lernen. Denn die Dame, die gemessen ihre Bahnen zieht, will nicht angerempelt und nassgespritzt werden. Rücksicht auf andere macht das Leben für alle einfacher. Ein Hallenbad ist da eine prima Gelegenheit, genau das einzuüben. Dabei staune ich nicht selten, wie tolerant fünfundneunzig Prozent der älteren Hälfte der Hallenbadgesellschaft gegenüber Kindern ist. Manchmal wäre mir da weniger direkt lieber.

Auf dem Weg nach Hause wende ich dann wieder den gleichen Trick an, wie bei dem Weg ins Wasser: Ich schaue, während die gerade mal hergucken, dezent auf die Uhr und erkläre den baldigen Aufbruch. *NEEEEE! Doch. Neinnöönocheinbisschenbittebitte! Ok, fünf Minuten, aber dann muss das fix gehen, klar? Karoklarklar!* Meistens funktioniert das ganz gut, auch wenn man bei Kindern nur mit quid-pro-quo wirklich auf der sicheren Seite ist. Sicher ist dagegen, dass die nach dem Abendessen widerstandslos ins Bett gehen werden.

Zurück in die Küche. Dank dem kostbaren Nass in unserem Topf, hat sich auch die Lage dort beruhigt. Löffel aus der Hand und wieder zum Messer gegriffen. Die Kartoffeln würfeln und was auf dem Brett im Weg ist, geht rein. Das nimmt die Hitze. Im Topf sollte sich kein graubrauner Schaum bilden. Falls doch, läuft das Schneiden zu langsam. Dann Topf abziehen und zwischenzeitlich die Platte ausschalten. Nur kein Stress. Nach den Kartoffeln sind die Karotten dran. Lorbeerblätter kommen dazu. Zurückschalten auf unmotivierte Blasenbildung. Im Prinzip war es das jetzt. Hier braucht auch nicht viel gewürzt zu werden. Das schmeckt so, wie es ist. Aber natürlich ist jeder Hausmann sein eigener Chef. Salz und Pfeffer, wie es Kinder eben vertragen, ist der gewöhnliche Abschluss dieser Kochaktion.

Variation, Ausforschen von Geschmack, das macht es bunt. Bei Eintopf geht da nicht nur hinsichtlich Würzen eine ganze Menge. Es gibt tausend richtige Wege. Zum Beispiel roter Paprika und eine Dose Tomaten zur beschriebenen Grundausstattung. Oder frische Tomaten. Welche Zwiebel soll es diesmal sein. Die roten eignen sich weniger, aber so eine dicke milde nimmt den Zwiebelteil in der Komposition etwas zurück, das gibt anderen Ingredienzien mehr Raum. Schon mal weißen Rettich in einer Köchelgeschichte probiert? Sellerie gehört zu den Klassikern, ist mir persönlich aber zu intensiv. Zum Fleisch: Hier schmurgeln auch hart angebratene Hähnchenkeulen durch – hier leider ohne die knusprige Haut des herrlichen österreichischen Paprikahendls, von dem schon Bram Stoker seinen Helden im Dracula schwärmen ließ. Ja, hier kann etwas wachsen. Das eben beschriebene Rezept mag dafür als Basis dienen. Einfach ist aber auch einfach gut.

Zum Abschluss: Kartoffeln probieren. Fertig ist der Topf, wenn die fertig sind. Das richtet sich dann nach der verwendeten Sorte und der Größe der Würfel. Alles in allem: So etwas um eine halbe Stunde bis 45 Minuten ist realistisch.

HÜFTGOLD

Bergsteigernahrung für Käsefreunde oder solche, die es werden sollen.

Das wird vernudelt
4 Eier
400g Mehl
200g Wasser
150g Emmentaler
100g Appenzeller

Gesalzenes Kochwasser aufsetzen. Mehl, Eier glatt rühren. Wasser unterrühren. Erste von drei Portionen Teig durch Spätzlereibe ins kochende Wasser hobeln. Nachdem Spätzle aufschwimmen, noch eine Minute im Topf lassen und dann raus mit Schaumlöffel in Teflonpfanne. Teig so weiter verarbeiten und nebenbei Käse klein schneiden. Käse unter Spätzle in der Pfanne mischen. Unter Wenden bei niederer Temperatur anbraten, bis Käse komplett geschmolzen.

Das hier ist etwas, das die bürosesselgequälte Mama abends mit leisem Seufzen im Kühlschrank erblickt. Dieses goldgelbe Leuchten ist ein atomarer Lenkwaffenangriff auf ihre Diätplanung. Sie weiß es. Aber sie kann einfach nicht anders. Zu gut. Ich rede von Käsespätzle.

Ausrüstungstechnisch empfehle ich hier eine Spätzlereibe. Etwas zugegeben Spezielleres, aber das lohnt sich. Spätzle sind eine wunderbare Nudelgeschichte, die – entgegen des ersten Eindrucks – eigentlich ganz schnell geht. Hier haben wir gute, selber gemachte Eiernudeln. Die passen auch zu Braten und können generell mit jeder Form von Soße serviert werden. Leider schmecken sie nicht aufgetaut. Davon würde ich abraten. Aber im Kühlschrank halten die sich auch so zwei Tage.

Die Kochaktion startet mit Kochwasser aufsetzen. Ein Teelöffel Salz rein und Deckel drauf. Vier Eier in die Schüssel und, wie bei den Pfannkuchen, mit 400 Gramm Mehl glatt rühren. Der Schneebesen tut dabei genauso seinen Dienst wie ein Kochlöffel. Dann mit 200 Gramm Wasser eindünnen. Jetzt steht da in der Schüssel etwas zwischen fest und flüssig. Die Konsistenz bestimmt die spätere Form der Spätzle. Mehr Wasser lässt den Teig schneller durch die Löcher der Reibe fließen. Hier beginnt der Glaubenskrieg, ob Knöpfchen oder Würstchen. Für den Geschmack ist das meines Erachtens herzlich egal. Aber eine nette Gelegenheit zum Rumprobieren.

Das Wasser im Topf sprudelt und wir legen die Spätzlereibe auf den Topfrand. Jetzt sollte der Teig zügig durch die Löcher gehen. Wenn das Metall der Reibe im Dampf heiß wird, pappen nachher Teigklumpen dran, die unserer besten Freundin, der Spülmaschine, Probleme bereiten. Also packen wir schnell ein Drittel des Teiges auf die Reibe und drücken mit dem Schieber alles ins Kochwasser. Die Reibe wartet zwischendurch über der Schüssel auf weitere Verwendung.

Neben dem Topf mit Wasser stellen wir schon mal die Teflonpfanne und dann kommt der Topfgucker. Achtung, das kocht gerne über. Wir rühren ab und an mit unserem Schaumlöffel oder einem Teesieb, der es genauso tut, damit die Spätzle nicht unten anliegen. Jetzt kommen die Teile wieder an die Oberfläche geschwommen. Die haben dann noch eine Minute gut. Danach aber raus in die Pfanne. Wenn da ein bisschen Kochwasser mitkommt, schadet das nichts. Das dampft später in der Pfanne ab und das wird dann locker. Nur halt nicht übertreiben damit, Okay?

Die erste Runde ist in der noch kalten Teflonpfanne und das Wasser sprudelt wieder. Wieder die Reibe drauf und rein mit der nächsten Ladung. Nach der dritten steht auch schon ein Schüsselchen mit dem zerkleinerten Käse auf der Arbeitsplatte. Übrigens: Ein Messer ist schneller sauber als eine Reibe. So, geschafft.

Kochwasser in die Spüle. Topf hinterher. Oben drauf die Schüssel – die sauber ausgekratzt nur noch eine klitzekleine Gebrauchsspur aufweist. Praktisch schon reif für den Küchenschrank, aber wir sind ja ordentliche Hausmänner und das Teil wird später mit Spülmittel behandelt. In die Schüssel warmes Wasser, in das wir die Reibe und den Spachtel einweichen. Spätzleteig ist flüssig kein Problem, aber eine lausige Angelegenheit, wenn er antrocknet. Die Pfanne mit Spätzle ist ein schöner Anblick. Der zerriebelte Käse kommt obendrauf, dann steht schon wieder ein Teil weniger herum. Mit irgendwas zudecken, dann sind wir im Prinzip schon fertig mit Kochen und der Mittagstisch ist sicher. Hier ist eine Pause möglich. Die kann für Kinderabholen, einen Zeitungsartikel, Kochbuchschreiben, fünf Minuten in die Sonne blinzeln und natürlich immer obendrein Küche in Stand setzen genutzt werden. Sind alle da? Dann schalten wir die Platte unter der Pfanne ein. Jetzt rühren. So langsam zieht der Käse Fäden. Was für ein Anblick! Und das duftet. Sollte die aktuelle Heikelei den Appenzeller vereiteln, kann auch komplett Emmentaler verwendet werden. Aber nicht geizig sein mit dem Käse. Das muss Fäden ziehen, sonst taugt das nicht.

Am Tisch eventuell nachsalzen. Nach dem Essen eine Verdauungspause einkalkulieren. Ich empfehle dazu ein oder zwei Kapitel aus den Spiderwick-Geheimnissen. Aber der gestiefelte Kater tut es auch. Außerdem sollte hier schon klar sein, wo man die Kalorien gleich sinnvoll verbraucht. Also heute allermindestens eine Runde Spielplatz.

KRAUTKRAPFEN – BEKENNTNIS EINES SAUERKRAUTS

Nicht teuer und doch eine Delikatesse.

Kommt rein
800g Sauerkraut (eine große Dose)
300g Dörrfleisch
eine Zwiebel
ein Apfel
4 Eier
400g Mehl
Olivenöl
2 Blätter Lorbeer

Dörrfleisch und Sauerkraut in den Topf. Mit Wasser bedecken (Pegel auf Rand von feststofflichem Inhalt). Zwiebel würfeln und rein. Apfel fein schneiden und rein. Lorbeer. Kochen.
Mehl abwiegen und Eier drüber. Drei Esslöffel Olivenöl. Kneten. Wenn es bröselig bleibt, dann noch vorsichtig ein Schluck Wasser einarbeiten. Teig ruht. Wasser im Sauerkrauttopf kontrollieren und ergänzen.
Nach 20 Minuten auf der heißen Platte Krautwasser in Schüssel abgießen. Lorbeer ganz weg, Dörrfleisch klein würfeln und wieder rein ins Sauerkraut. Teig auswellen. Sauerkraut darauf verteilen. Einrollen zu festem Strang. Breiten Topf aufsetzen und reichlich Olivenöl heizen. Strang in Stücke schneiden und die im Öl anbraten. Wenn unten braun, dann vorsichtig wenden. Mit Krautwasser aufgießen. Deckel. Wenn Wasser abgedampft, noch die Unterseite anbräunen lassen.

Rassismus gibt es nicht nur in Deutschland. Schön ist er nirgends. Aber gut, wir haben als Hausmann gelernt, dass nicht jede Schlacht geschlagen werden muss und verzeihen den Red Hot Chilli Peppers, wenn sie mal über uns als *Sauerkrauts* dumpfbackeln. Sonst machen die ja eine ganz hübsche Musik. Ja, gut, ich gebe es zu: Ohne *BlodSugarSexMagic* wäre schon mancher meiner abendlichen Schlussakte in wüste Kindesbeschimpfungen ausgeartet. Laut und Schnell hilft mir in angespannter Lage ungemein. *Giveitaway*.

Trotzdem: Sauerkraut. Da rührt sich Liebe in mir. Nur dass man richtig versteht, ich rede hier von knackigem, fruchtigem, würzigem, wunderbarem Sauerkraut. Das hat nichts zu tun mit dem zerköchelten Säuerling im Restaurant. Gutes Sauerkraut macht man selber und da ist eine ganze Menge mehr drin als das, was aus der Dose flutscht. Wobei hier Dose durchaus Verwendung finden darf. Wer nicht das Glück eines offenen Fasses auf einem nahe gelegenen Wochenmarkt hat, der nimmt das rohe Sauerkraut im Supermarkt. Hengstenbergs Weinsauerkraut ist gut. Schön an beiden Geschichten ist, dass es in keinem Fall wirklich teuer ist. Hier bekommt man eine Delikatesse zum Schleuderpreis. Den geräucherten Schweinebauch kaufen wir aber beim Metzger. Das ist preislich kein Filetstück. Zur Not geht es auch ohne Carne, aber mir persönlich fehlt hier was auf die Veggie-Tour.

Und gesund ist das. Wären die englischen Seeleute in der guten alten Zeit der Segelschifffahrt nicht ganz so heikel gewesen, wären ihnen auf großer Fahrt weniger Zähne aus dem Mund gefault. Soviel zum Zusammenhang von Rassismus und Intelligenz. Ja, sollte ich jemals – vermutlich erst nach der Ära Kinder – auf einem Bötchen um die Welt segeln, werde ich diese Dosen satt bunkern. Aber sowas von satt. Wie das wohl zu selbst geangeltem Fisch schmeckt? Egal. Denk an die Zähne.

So träume ich manchmal beim Kochen vor mich hin. Besonders, wenn es gerade weniger lustig zugeht im Leben des Hausmannes. Oder wenn es schneit und lausig kalt und nass da draußen ist. Die Kinder maulen zwar inzwischen, wenn ich *Sam und das Meer* vorlesen will. Aber dann lese ich die Geschichte von der Flussratte, die vom Meer träumt, eben mal kurz alleine, während die den Tisch abräumen. Selber schuld.

Eskapistische Träume. Sind nicht wirklich sinnvoll in der Situation, aber sie helfen über die Runde. Ein Ziel abseits der Kinder, abseits von allem... Auf das es sich zu leben lässt. Segelschein? Sollte ich wirklich mal machen. Aber mit der

Frau, die höchst unzuverlässig aus dem Büro kommt und Kindern, die abends noch nicht alleine sein können? Schwierig. Das hat alles eh keine Eile.

Übrigens lassen sich manche, im meinem Falle seglerischen Schätze aus dem Netz fischen. Weltumsegler haben in der Regel eine Homepage. Das ist Futter für fluchtwillige Träumer. Es gibt auch eine Page für Burgen, eine, wie man aus einem alten Kombi etwas wie einen Wohnwagen macht, über Australien und Segelflugzeuge. Wenn das Geschäftsessen der Frau den Hausmann abendlich in die Einsamkeit verdammt, ist so der Computer um Längen besser als doof fernsehen. Weil es Sinn macht, auf ein Ziel ausgerichtet ist, das über das gegenwärtige Dasein eines Hausmanns hinaus weist. Das gibt Frieden.

Und nächsten Tags in der Küche denken wir dann an das Bild von dem Zweimaster von so einem, der schon auf dem Weg ist. Wir zirkeln über das Zwiebelschneiden schon mal grob unseren Kurs über den blauen Teil des Globus ab. Beim Umrühren überlegen wir, ob es besser ist, im Frühjahr oder im Herbst loszumachen: Den Fluss runter und dann raus auf das Meer unserer Träume. Weiter und weiter, den wilden grünen Wellen nach.

Das hilft. Man sollte nur nichts darüber anbrennen lassen.

Es geht los mit Sauerkraut. Ein drei Finger breites Stück geräuchertes Schwein in der Mitte durch und in den Topf zum rohen Kraut. Was brauchen wir noch? Würzig: Das ist eine gehackte Zwiebel. Rein damit. Und – das ist jetzt der Kick – fruchtig: Ein kleiner Apfel. Wenn es ein großer ist, dann essen wir zum Hacken einen Schnitz einfach so, oder verfüttern ihn an Anwesende. Schälen muss hier nicht sein. Schale ist gut und man sieht später, was drin ist. Die Viertel werden noch mal der Länge nach mindestens gedrittelt und dann wie die Zwiebel per Klammergriff in Stiftchen vollendet. Rein. Zwei Lorbeerblätter dazu. Gut.

Noch nicht ganz. Es gibt beim Sauerkrautkochen eine Gefahr. Wenn das Krautwasser weg gedampft ist, brennt der im Topf verbliebene Rest an. Das ist der Gau. Dann haben wir kein Lebensmittel mehr, sondern Gestank und Abfall und einen Topf, der im Spülbecken nur mit ganz harten Bandagen wieder zu einem verwendbaren Küchenutensil wird.

Wenn man Sauerkraut als Beilage, beispielsweise für Ritters Leibspeise, S-Kraut, Schupfnudeln und Bratwürste (dazu an anderer Stelle) produziert, muss man hier bei niedrigem Pegelstand einfach aufpassen. Eine hinterhältige

Angelegenheit. Anbrennen, das ist etwas, das dann passiert, wenn wir zwischenzeitlich die Hörspiel-CD aus der Bibliothek grabben wollen und das Antivir dabei trocken vermeldet, dass wir jetzt unbedingt was tun sollten, das so überhaupt gar nichts mit Kochen zu tun hat. Aber gut, die Gefahr ist nun bekannt.

Also für die Beilage soviel Wasser rein, dass es unten drei Finger hoch im Topf steht. Wenn man mit dem Kochlöffel ein Eck Boden frei räumt, sieht man es jetzt zu Beginn und auch bei der Kontrolle zwischendurch. Deckel drauf (hier nicht nur ökologisches Gebot, sondern wichtig, weil sonst das Wasser noch schneller abdampft) und zurückschalten.

Heute geht es beim Sauerkraut aber nicht um Beilage, heute geht es um die Hauptspeise, um Krautkrapfen. Elegant daran ist, dass wir das Krautwasser nachher noch gebrauchen. So kann man beruhigend üppig Nass anwenden, bis die Geschichte im Topf gerade so noch nicht ertrinkt. Jetzt gehen wir kurz und gelassen an die doofe Kiste, die so viel sinnlose Wartung braucht und das alles dann nur für ein paar mp3-Geschichten für die Fahrt in den Urlaub. Ja und halt noch dafür, dass man seine Träume füttert und darauf Kochbücher tippt, die Mail aus dem Kindergarten liest, mit Skype herumspielt und seine Fotos aus der Knipskiste hortet. Okay, ich mach ja schon. Kriegst einen Generaldurchlauf mit dem Virusprogramm – du süßes kleines Maschinchen du.

Wieder da? Gut, denn es ist noch nicht zu Ende. Es braucht Teig. Das ist der klassische Nudelteig. Klassisch heißt bei mir: 400 Gramm Mehl abwiegen und pro 100 Gramm, also in diesem Fall vier Ei(er) in die Schüssel. Teig basierend auf 400 Gramm Mehl ist in meiner Küche so etwas wie eine Basiseinheit, egal was man damit macht. Dazu kommt jetzt eine freihändische Schüttung Olivenöl, die über den Daumen gepeilt drei Esslöffeln entspricht. Hat man hühnertechnische Mickerlinge verwendet, auf denen ein dürftiges M, oder gar ein wachteliges S prangt, muss man hier eventuell mit einem halben Kindergläschen Wasser nachhelfen. Im Prinzip geht es aber ohne. Dann einfach den Schüsselinhalt erst in derselben und dann ausgiebig auf der Arbeitsplatte kneten. Das Thema Kneten hatten wir schon mal und mein manuelles Glaubensbekenntnis ist bereits abgegeben. Das Resultat darf hier speziell nicht krümelig sein. Fest ist aber okay. Das Optimum besteht in einer zäh gummeligen Masse, die gerade mal so nicht in der Hand klebt. Hier ist interessant, wie sich die Konsistenz einfach durch mechanisches Bearbeiten verändert. Von pappig, wenn die Flüssigkeit noch nicht in das Mehl gezogen ist, bis hin zu elastisch und geschmeidig nach geleisteter Knetarbeit. Übrigens knetet Teig Hände und Arbeitsfläche schön, wenn man lange genug knetet. Irgendwie eine angenehme Erfahrung und dank Olivenöl auch eine Kur für rissige, von Spülmittel geschundene Männerhaut.

Wir warten auf das Sauerkraut. Das ist ein aktiver Prozess. Wasserpegel überwachen. Daran denken, dass wir schlussendlich etwas um einen halben Liter Krautwasser brauchen! Gegebenenfalls nachgießen. Bei zuviel Nass zum kochtechnischen Endspurt den Deckel entfernen. Wir angeln zwischendurch mit der Gabel eine Faser und probieren, ob es schon weich ist. Weich. Noch eine Erinnerung an knackig. Auf keinen Fall Pampe. Im Prinzip kann man rohes Kraut auch einfach aus der Dose naschen. Na ja, vielleicht sollte der Nachmittag dann im Freien stattfinden. Aber hey, wir haben keinen Innenraumzwang, keinen pienzigen Schreibtischnachbarn. Wir sind so frei. Kann lustig sein mit Kindern... Nein, das vertiefen wir jetzt nicht. Wir haben noch nicht gegessen.

Wo waren wir? Keine Pampe. Auf schwacher Hitze braucht Sauerkraut etwas um die 20 Minuten. Aber das liegt am Kraut. Ist nicht immer gleich, auch wenn man Dosensauerkraut kauft. Diese Variabilität in Konsistenz und Geschmack ist bei Dingen, die man sich und seiner Familie auf den Teller legt, ein sicheres Zeichen für Qualität. Es muss nicht alles immer gleich schmecken. Es muss nur gut schmecken.

Wenn das Gäbelchen mundet, weil das Fleisch, Zwiebeln und der Apfel ihr Aroma gespendet haben, und dabei trotzdem noch Kauarbeit zu leisten ist, ziehen wir den Topf von der heißen Platte. Jetzt das kostbare Wasser in ein geeignetes Gefäß abgießen. Die Gabel hilft, dass nicht allzu viel Feststoffliches mitrutscht. Ist anfangs heiß. Aber hier kann man ruhig mal einen kleinen Schluck probieren (lassen). Ist interessant.

Das Dörrfleisch raus und in kleine Würfel schneiden. Ist auch heiß. Fordert Geschicklichkeit. Die Würfel wieder rein. Das Sauerkraut wäre jetzt servierfertig. Wir machen aber weiter.

Der Teig wird mit dem Nudelholz und soviel Mehl, dass es mit drei spitzen Fingern aus der Packung geholt werden kann, ausgewellt. Mehl unten zur Arbeitsplatte und oben zum Nudelholz. Das ausgerollte Ergebnis ist dünn. Da ergibt sich eine Fläche so tief, wie knapp die Arbeitsfläche und so breit, dass es bei zwei aneinander gestoßenen Fäusten von Ellbogen zu Ellbogen geht.

Werkzeugpurismus:
Ein Nudelholz ist das Zepter in der Küche. Ist ein schönes Gerät in klassischer Anmut. Muss man haben? Nein. Eine leere Flasche – das muss jetzt keine Bierflasche sein – geht auch. Unter dem Wasserhahn das Papier runter popeln und sauber spülen. Völlig ausreichend, um damit ein Essen auf den Tisch zu bekommen.
Als ich das zu studentischer Zeit einer lieben Tante mal stolz erzählt habe, da hat die mich sehr bald besucht. Und seitdem habe ich ein Nudelholz. Und ich denke an diese liebe Frau, die es schon lange nicht mehr gibt, wenn ich damit an einem Teig werkle.

Das Sauerkraut draufkippen und mit unserer viel bemühten Gabel gleichmäßig verteilen. Wenn hier noch zuviel Wasser im Sauerkraut ist, weicht der Teig durch. So lernt man. Generell aber an dieser Stelle zügig weitermachen.

Das Teil von hinten her einrollen. Nicht zu labbrig. Es soll eine feste, armdicke Wurst herauskommen. Die zerstückeln wir in die Endform, den Krapfen. Unbedingt ein Schneidebrett unterlegen. Die Situation verführt dazu, auf der Arbeitsfläche direkt zu schneiden. Ist aber nicht so gut. Gibt böse Kerben.

Ob der Krapfen jetzt drei oder sechs Finger breit ist, bleibt dem persönlichen und kindlichen Geschmack anheimgestellt. Platz- und arbeitstechnisch hinterher im Topf hat man es größer einfacher. Aber denkt an eure Sprösslinge. Die mögen putzig.
Im Topf brauchen wir jetzt Fläche. Vielleicht eine kleine Reine, oder eine Pfanne mit hohem Rand. In jedem Fall aber mit Deckel. Ihr macht das schon. Olivenöl rein und die Teiglinge beim Hineinlegen kurz darin drehen. Geht gut mit der Hand, wenn das Öl noch nicht heiß ist. So pappt nichts unten und nichts gegenseitig.

Unsere Werkstücke sollten einigermaßen eng aneinander liegen. Zur Not nach der Topfbefüllung flach dätschen. Das darf jetzt von unten bei knackiger Hitze bräunen. Vorsicht, das geht hübsch schnell.

Dann wenden und jetzt kommt der Kick an diesem Rezept: Wir gießen auf. Einfach unser gutes Sauerkrautwasser gleich jetzt nach der ersten und einzigen Wendeaktion und en todo rein. Schnell den Deckel drauf, denn das dampft heftig. Vorsicht, dass die Wolke einem nicht ins Gesicht klatscht. Aber ja, so ein bisschen Nervenkitzel muss in einer Männerküche schon sein.

Das mit dem Nervenkitzel ist so eine Geschichte, bei der sich Hausmänner grundlegend unterscheiden. Dabei ist der Antipode weniger die Hausfrau, denn Oma und Opa. Sieht man regelmäßig und manchmal recht amüsant auf dem Spielplatz. Da will der kleine Zögling ein bisschen höher hinaus: auf der turmhohen Kletterpyramide. Nur so vielleicht knapp einsfünfzig über dem weichen Sand, mehr traut der sich eh noch nicht. Und schon kommt, abkommandiert von der Oma auf der Bank, der Opa angewetzt. Die schützende Hand unter den durchhängenden Kinderpopo halten. Dass der kleine Abenteurer sich bloß nicht weh tut. Dass damit das Abenteuer keins mehr ist, spielt keine Rolle für den fürsorglichen Miesepeter.

Verständlich. Die Großeltern, bei ihren eigenen Kindern dereinst weit weniger schützbedürftig, übernehmen Verantwortung. Denn das jetzt auf dem Spielplatz sind nicht mehr ihre Kinder.

Es ist auch nur eine Kleinigkeit. Aber eine Kleinigkeit mit manchmal großen Auswirkungen. Wenn sich einer auf dem Spielplatz nachhaltig verletzt, dann sind das meistens die Kinder, die daran gehindert wurden zu lernen, dass man selber schauen muss, dass man nicht von der Schaukel fällt, dass man den dünnen Ast prüfend belastet, bevor man ihn im immerwährenden Kampf gegen die Schwerkraft nachhaltig nutzt. Sicherheit aus zweiter Hand ist eine zweischneidige Angelegenheit. Unsere Papaerziehung geht da hormonell bedingt den härteren Weg. Der Vorteil: Wer runterfällt, solange die Höhe noch nicht Knochen knackt, hat es schnell raus, dass er für sein Wohlergehen ein Stück weit selbst verantwortlich ist. Blindes Vertrauen in die helfende Hand hat ihre Grenze bei spätestens zwei Metern. Und ich mag nun einmal Kinder, die hoch hinaus wollen. Definitiv höher als zwei lumpige Meter.

Kommt dann einer doch mal plärrend angerannt, dann schauen wir, dass alles noch dran ist und trösten ein bisschen und schicken den wieder raus ins Leben. Männer machen das so. Denn tapfer muss man sein. Das hilft. Als Kind und sonst auch.

Die Krautkrapfen fühlen sich, vom eindickenden Krautsaft umblubbert, gerade kuschelig wohl. Das Wasser dampft auf schwacher Hitze – dass es eben noch halbwegs anständig kocht – komplett ab. Der Geschmack zieht in die Krapfen, die solcherweis durchgaren. Nach knapp zehn Minuten schubsen wir das Kochgut und kucken, ob darunter noch sämige Suppe vorhanden ist. Lieber früher als zu spät. Man kann da ganz schön reinfallen, wenn es oben noch in den Spalten Bläschen wirft, sich unten aber bereits brandige Dürre ausbreitet. Was da jetzt sämig am Schieber klebt, ist Extrakt. Muy rico, muy caliente. Die jetzige Unterseite wird, nachdem die Flüssigkeit weg ist, ebenfalls braun und knackig. Fertig.

Sollte irgendwo eine schwarze Stelle sein. Das passiert hier ganz gerne mal. Ich persönlich schmeiße so was nicht weg, sondern kratze ein bisschen dran herum und dann ist das gut. Sag ich gut? Ach, was. Wenn ein Pfannkuchen bei mir Grundnahrungsmittel ist, dann sind Krautkrapfen mein Sonntagsbraten. Und ich sage euch, nicht nur meiner.

RITTERS LEIBSPEISE

Schupfnudeln mit Sauerkraut und Bratwürste

Hauptspeise
Schweinsbratwürste (pro kleine Nase eine, für die große 2 lange)
800g Sauerkraut (eine große Dose)
300g Dörrfleisch
eine Zwiebel
ein Apfel
2 Lorbeerblätter

Zuspeise
400g Mehl
250g Wasser
Olivenöl

Dörrfleisch und Sauerkraut in den Topf. Mit Wasser drei Finger hoch aufgießen (Pegel auf Rand von feststofflichem Inhalt, wenn Krautkrapfenaktion in naher Zukunft). Zwiebel würfeln und rein. Apfel fein schneiden und rein. Lorbeer. Gesalzenes Nudelwasser aufsetzen. Mehl in Schüssel sieben und mit Wasser zu Teig kneten. 20 Minuten Ruhe. Aus Teig 2 Würste rollen und in kleine Scheibchen. Etwas Mehl auf die Arbeitsfläche. Teiglinge zwischen Handflächen vernudeln und über Mehl schubsen. In 2 Portionen kochen. In geölter Pfanne abschwenken.
Schweinsbratwürste mit etwas Öl in die Pfanne. Bei knapp unter voller Hitze braten.

Das Thema Sauerkraut ist abgehandelt. Eine Kombination, nein, die klassische Ergänzung dazu sind Schweinsbratwürste. Nicht weiß vorgekochte Bleichlinge.

Die Rotenrohenlangendünnen sind besser. Wir ziehen die guten Sachen da auch nicht daheim mit einem Kochwasser heraus, das ruhmlos im Ausguss endet. Die Teile kommen direktamente aus dem Papier mit etwas Öl in die Pfanne. Vielleicht, wenn man denn eine hat, in oder besser auf die Grillpfanne. Das ist echt ein tolles Ding, so eine Grillpfanne. Das Brühen inklusive Topfreinigung ersparen wir uns. Da wir mit rohem Schwein hantieren, Platte dabei aber nicht ganz knackig aufdrehen, sondern eine Stufe drunter. Dann wird das locker durch.

Ein Kanten frisches Brot auf den Tellerrand, damit man auch die Tunke aus Krautwasser und Würstchensaft sauber vom Teller wischen kann und die Würste quer über den Sauerkrauthügel – Essen fertig.

Kocht man hier eine komplette Portion Kraut, bleibt gewöhnlich noch genug übrig, um – in naher Zukunft – daraus eine Portion Krautkrapfen werden zu lassen. Dann aber schon jetzt an das später benötigte Krautwasser denken! Diese Flüssigkeit einfach bis zur weiteren Verwendung mit dem Restkraut im Topf in den Kühlschrank. An den späteren Krapfen ist im Verhältnis ein bisschen mehr Teig dran, aber das geht gut. Wir profitieren hier von der handelsüblichen Unschärfe unseres Geschäfts. Es muss nicht immer der gleiche Geschmack sein. Ist es eh nie. Ist gut so.

Mehlpapp abseits der Küche: Damit kann man wirklich Papier kleben, wenn mal die kindliche Schaffenskraft durch die Abwesenheit eines neuen Pritt-Stiftes gehemmt darniederliegt. Dazu aber viel Wasser und wenig Mehl. Einfach in leerem Mermeladenglas anrühren. Pinsel rein und los. Völlig ungiftig, birgt aber die Gefahr einer Sauerei.

Wirklich klassisch und küchentechnisch upgegraded wird die Geschichte, wenn statt dem Brot die Mutter aller deutschen Teigwaren auf das Sauerkraut kommt: Schupfnudeln. Hier ist ein bisschen Zeit nötig. Also vor der Würstelaktion. Und hier ergibt sich ein breites Betätigungsfeld für unsere kulinarischen Adepten.

Der Anfang ist schlichter Mehlpapp. Für Schupfnudeln: 400 Gramm Mehl abwiegen. Hier könnte man das Mehl in die Schüssel sieben. Das hilft. Wieso das hilft, bleibt eines der ungelösten Rätsel, die einem im Leben eben begegnen. Mit Kindern ist das wahrlich nicht das Einzige. Warum ist dabei aber nicht wichtig. Wichtig ist, dass mit Sieben der Teig später glatter wird. Außerdem ist ein tassengroßes Schüttelsieb mit Griff zum Drücken und Rieseln-lassen einfach ein interessantes Spielzeug.

Dazu kommt das Wasser. Unbedingt warm. Einrühren mit dem Kochlöffel und dann wieder einmal kneten auf der Arbeitsplatte. Schnell kneten pappt weniger. Wenn etwas Zeit da ist, gönnen wir dem Teig ein bisschen Ruhe. Tut ihm gut. Uns auch. Vielleicht jetzt doch noch der mittellange Artikel zur deutschen Demographie, für den es beim Morgenkaffee nicht mehr gereicht hat?

Gebildet gehen wir zurück in die Küche. Der weiße Klumpen Teig will noch einmal gut geknetet werden. Dann eine lange Wurst rollen.

Der Topf Wasser kommt auf den Herd. Es darf ein großer Topf sein und es sollte viel Wasser sein. Mit einem satten Teelöffel Salz. Anschalten.

Bis das Wasser kocht, muss die erste Ration rohe Schupfnudeln bemehlt auf der Arbeitsplatte liegen. Wenn Kinderhände hier nicht aufhalten, dann dürfen die mit anpacken. Bei dem tollen Teig macht es auch nichts, wenn ein Stück davon im Mund verschwindet.

Und das geht dann so: Wir zerhacken unsere Teigwurst in Scheiben. Soll heißen, mit scharfem Messer Stückchen runter zubbeln. Lieber ein bisschen kleiner, als man denkt. Die liegen jetzt in loser Formation auf dem Brett rum. Hinter dem Brett streuen wir eine handbreite Barriere aus Mehl.

> Meine Empfehlung für die Begleitmusik ist „Ritterland" von Sternschnuppe.

Die Rückwand hinter dem Mehl ist die Burg, die es einzunehmen gilt. Die wilden Teig-Krieger werden zwischen den Handflächen als fingerige Würstchen gerollt. Und dann schicken wir sie ins Feld, schubsen sie so, dass sie über das Mehl Richtung Burg rollen. Attacke! Der Oberbefehlshaber der Küche sammelt seine Mannen in zwei Haufen hinter dem Mehlwall.

Das Wasser kocht. Liegenbleiber und Verwundete werden aus dem Mehl geklaubt und mit dem ersten Haufen zur Reanimation und Entspannung in den Pool geworfen. Wenn sie wieder auftauchen, haben sie eigentlich genug gebadet, dürfen aber noch eine Minute planschen. Und dann warten die in der noch kalten Pfanne nebenan auf die Kollegen. Nicht vergessen: Nach dem Bad muss Creme drauf. Die Krieger kriegen einen Schuss Olivenöl. Jetzt ist der zweite Haufen dran mit baden. Und raus mit euch! In der Pfanne geht es gleich heiß her. Da steigt jetzt die große Abschwenk-Sieges-Party.

SCHWEINEREI: ZWEIMAL SCHNITZEL UND PÜREE

Fleisch in der Pfanne ist eine feine Sache. Es geht schnell, es schmeckt und Reste sind Schätze.

Das brutzelt
500g Schweinehals
Olivenöl
für Dipp zu natur: Salz und Sesamöl
für mariniert: Senf, Rosenpaprika, Salz, Cenofix

Das kocht
400g Kartoffel (mehlig, wenn möglich)
30g Butter
100g Milch
Salz

Fleisch natur einfach in heiße Pfanne, wenden, fertig. Servieren mit Beilage und Schälchen Dip Salz/Sesamöl.
Fleisch mariniert mit Senf einreiben, Paprika, Cenofix, Salz einmassieren. Eventuell ruhen lassen. In heiße Pfanne, wenden, fertig.

Püree:
Kartoffeln waschen, schälen, waschen. Topf mit drei Finger hoch Wasser und halbem Teelöffel Salz aufsetzen. Kartoffelteile würfeln. Würfel ins Wasser. Knollen kochen und dabei Wasser weitestgehend abdampfen. Kartoffeln in Schüssel. Herd aus. Kartoffeln zerbreien. Butter rein, Milch rein, fertig.

Schweinenacken ist ein Rohstoff, aus dem man vieles machen kann. Ein Standard beim Metzger, der am Stück in die Tüte wandert. Mit Amstück sind wir flexibel und es hält sich so ein bisschen. Ein bisschen. Wir reden hier von rohem Schwein und das sollte zügig – sagen wir drei Tage – abgearbeitet werden. Also bei zwei Rationen sollte Schluss sein. Das wäre dann für drei Hungrige und eine diätelnde Berufstätige so etwas um das gute Kilo. Okay, wenn das tote Tier richtig frisch und feucht daliegt und wir uns was gönnen wollen, dann nehmen wir eineinhalb. Wie gesagt am Stück. Kommen Freunde? Machen wir Braten? Zwei Kilo. Aber der Rest ist wirklich Gier. Wir kommen wieder. Haben die Kinder auch Danke für die Gelbwurst gesagt?

In der Küche geht Fleisch in der Pfanne schnell. Deshalb steht am Anfang der Kochaktion die Beilage. Gewohnheit und die Unterstützung technischer Hilfsmittel geben mir persönlich hier eine klare Richtung: Reis. So ein Luxus-Reiskocher, wie ich ihn mein Eigen nenne, ist wirklich eine feine Sache. Im Dampfdruck wird Reis darin so bissfest und trotzdem weich, wie es im Topf auf dem Herd einfach nicht zu leisten ist. Ein Genuss. Wirklich was falsch machen kann man auch nicht: Reis rein in den Einsatz, spülen, Wasser rein, Deckel drauf, Knopf drücken, vergessen und weiter im Programm. Das ist das einzige Kochgerät, das ich anlasse, wenn jemand aus dem Kindergarten abgeholt werden muss. Herdplatten, Ofen – nie im Leben!

Wenn er fertig ist, singt mein Reiskocher ein piepsiges koreanisches Kinderlied. Dank Pawlow'scher Prägung lieben alle Familienmitglieder diesen Sound. Das nenne ich Kulturaustausch.

Auch was Feines und bei Kindern durch die Bank heiß geliebt ist Kartoffel-Püree. Hier fangen wir damit an, dass wir die Knollen rauslegen. Auf hübsche kleine Häufchen und immer so viele, wie der jeweilige Häufchenbesitzer später realistisch betrachtet verdrücken kann. Das ist besser, wie irgendeine Grammzahl im Auge zu haben, denn wer will schon eine halbe Kartoffel aufheben. Dann wird gewaschen und geschält. Und noch mal gewaschen. Und gewürfelt. Klein gewürfelt, damit das nicht so lange dauert im Topf. Derweil kocht schon eine geizig bemessene Menge Wasser (zwei Finger hoch reicht, denn das gibt genug Dampf und Blasen) mit Salz (Vorsicht, hier so viel Salz, wie nachher im Püree sein soll, denn Wasser dampft ab oder bleibt im Brei) auf der Platte und wird beschickt, wie es so vom Schneidebrett herunter würfelt. Deckel nicht vergessen.

Das mit dem abdampfenden Wasser hat man bald heraus. Einfach beobachten, wo der Herd auf welcher Platte kocht, aber nicht sprudelt, wie lange wie viel Wasser in welchem Topf vorhält. Das hört sich jetzt vielleicht für küchentechnische Greenhörner (für die dieses Buch ausdrücklich auch und recht eigentlich an erster Stelle gedacht ist) schwierig an. Ist es aber nicht. Ist bloß Erfahrung. Nach zwei Wochen hat man eine Richtung und nach spätestens drei Monaten Kochen muss man hier nicht mehr wirklich nachdenken. Ein bisschen Aufmerksamkeit genügt. Vorher halt ein bisschen mehr Aufmerksamkeit und in der täglichen Terminplanung ein Plus von zehn Minuten für das alltägliche Projekt Kochen. Wie schon bei Sauerkraut sollte auch bei Kartoffel tunlichst nichts anbrennen. Das Gnädige an der Kartoffel ist, dass sie einen mit würzigem Knusperaroma warnt, bevor es brandig wird. So etwas schon braun am Topfboden klebt, muss man schnell sein. Rumgeschabbel unbedingt sein lassen, denn das braune Zeug kontaminiert sonst unser Endprodukt. Einfach umschütten und Angeklebtes kleben lassen. Plan A: Kartoffelgewürfel ist beschlossener Maßen fertig und weiter im Text. Plan B: Ersatztopf kommt aus dem Schrank und die geretteten Würfel kochen dort in neu zugegebenem Wasser zu Ende.

Das Wasser muss aber schlussendlich generell weitestgehend raus, sonst müssen wir abschütten und so etwas kränkt mich. Gutes Zeug in den Ausguss, in den Müll – das ist das manifestierte Eingeständnis, etwas falsch gemacht zu haben.

Nach etwas um die zehn Minuten sind die Kartoffel-Würfel weich (Gabel reinpieken: wenn sie zerfallen, dann passt das) und das Wasser ist ein blubbernder, sämiger Bodensatz. Weiter in der Schüssel. Hier wenn doch zuviel Wasser, dann ein Teil davon in den Ausguss. Meine Probegabel in Sachen weiche Kartoffel wird jetzt zum Zermatschomatik. Wer Gerät wie Stampfer oder Presse hat und gewillt ist, das Teil hinterher wieder sauber zu machen, der ist natürlich so frei. Aber ich habe es gerne einfach und wenn da mit der Gabel gemanscht noch ein paar Bröckchen drin sind, dann sind die von mir regelmäßig bekochten Kinder daran gewöhnt. Hier aber keinen Mixer oder ähnliches

Die Abreißgurke

Rohes Gemüse auf den Tisch ist eine wunderbare Beilage. Schnell und gut. Eine Karotte schälen, auf halber Höhe durch und dann in sechs Kanteln. Cocktailtomaten ganz, oder die etwas größeren halbiert. Einfach auf ein kleines Teller und auf den Tisch. Da bleibt höchst selten was übrig.

Und dann, ja, dann kommt hier mein besonderer Liebling: Gurke. Das geht auch mal statt Obst am Nachmittag. Ich mag dieses Ding, weil es nicht satt macht und weil es einfach alle Kinder mögen. Kühl, was zum Rumlutschen, irgendwie was ganz Besonderes. Und mit diesem Teil kann man viele lustige Sachen anstellen. Ein Drittel abschneiden. Schälen oder nicht. Ich schäle meistens, weil ich mir die Biobioguten aus dem Gemüseladen nicht immer leiste. So jetzt gehen einfach so zentimeterdicke Scheiben. Nicht ganz durchgeschnitten, können die Kinder sich ihr persönliches Stück Abreißgurke dann selbst runterzubbeln. Das ist so eine dieser kleinen wertvollen Familientraditionen bei mir.

In die Pausenschachtel gibt es einen dicken Ring und dazu ein gurkiges Krönchen. Das ist ganz einfach: Ein Sechs-Zentimeter-Stück Gurke abschneiden. Dann auf halber Höhe die Messerspitze immer bis zur Mitte stechen. Hat man so eine Zickzacklinie rund herum fertig, fällt das beschnitzte Objekt in zwei Prinz-und-Prinzessin-Teile auseinander.

einsetzen. Das ist für zartes Kartöfftöff zu heftig und das Resultat wird wie Kleister. Das schmeckt nicht.

Was schmeckt ist ein dickes Teil Butter, das wir in den heißen Brei unterrühren. Wie viel ist hier eine Frage des Geschmacks, aber Butter ist gut und darf da auch heraus schmecken. Die Konsistenz – nach persönlichem Geschmack und kindlicher Gewohnheit – einstellen mit vorsichtig zugegebener Milch. Die können wir eventuell ein bisschen zum Anwärmen in den Kartoffeltopf auf die restheiße Platte stellten Die Mengenangabe für Milch ist hier wirklich nur grober Richtwert. Unter Rühren einfach solange zugeben, bis das Ergebnis zusagt. Vielleicht noch Salz rein, wenn nicht schon genug da ist vom Kochen. Fertig.

Wir kommen zum Fleisch. Heute Schweinenacken. Es gibt für mich in der Küche wenig Schöneres, als das größte Messer aus der Schublade zu nehmen und es durch so ein festes und saftiges Stück Essen zu ziehen. Eine fingerdicke Scheibe neigt sich entsprechend unserer lang gezogenen Schneidebewegung – nicht drücken, nicht hinundhersäbeln – gen Schneidebrett. Gleich noch mal. Das befriedigt den Instinkt des Jägers. Nahrung, wir machen Fleisch.

Denkt man an dunklen Wald, an beschattetes Leben und Gekrabbel. Da wollen wir heute Nachmittag mal wieder hin. Eine entsprechende Bemerkung Richtung Kinder, die gerade im Wohnzimmer lümmeln zeugt Beifall. Abgemacht. Sagt der Kleine Jäger zum Stammesoberhaupt: *Und weißt du was, da nehme ich das Atlatl auch mal wieder mit.* Geht klar.

Das Atlatl. Die Speerschleuder. Eine interessante Geschichte mit Kindern. Wenn man nur so ein bisschen geschickt ist und ein Taschenmesser mit Säge dran – sowas sollte ein Papa wirklich haben – hat, dann kann die eigentlich jeder bauen. Und es braucht nicht viel Material. Die drei wurffähig geraden Haselschösslinge und das unterarmlange spätere Schleuderdings darf man sich in Anbetracht der ehrwürdigen Bestimmung beim Spazierengehen vom Strauch mopsen.

Wie so ein Atlatl genau aussieht, zeigt Google. Die Methode des Werfens erklärt das Teil selbst, wenn man es erst mal in der Hand hält. Den Holzdorn an der Schleuder mache ich, wenn er nicht als kleiner Ast eh schon angewachsen ist, indem ich schräg ein Loch in den Stock bohre und ein Stück 6mm-Buchenrundholz einklebe. Die Speere kriegen hinten die kleine Kule, in die dieser stumpfe Dorn dann greift auch gleich mit dem Bohrer, oder auf dem Feld mit einem kleineren Schraubenzieherstahl ausgeklappt aus dem Messer.

Für die Befiederung, die es braucht, damit die gut in der Luft liegen, habe ich eine simple Methode: Es gibt da immer wieder so eine Schachtel aus dünnem aber steifen Plastik. Das geht gut, wenn man es nicht wegwirft, sondern in eine bauchige Herzform schneidet und in das bis nicht ganz zum Ende gespaltene Ende des kleinen Speers klebt/einnäht. Spitzen braucht es nicht. Sind bei Atlatl sogar für mich ein bisschen mehr als mutig. Es geht um das Fliegen, die unglaubliche Parabel eines Kraft eines Kindes abschwirrenden Stockes, um das Geworfensein. Und der Papa staunt, wie schnell die Methode Lernen funktioniert, die Kinder üblicherweise in der Konfrontation mit solcher Gerätschaft anwenden: Gefühl und machen. Einfach los.

Das war mal eines meiner Herbstprojekte. Toll dabei ist, dass es kein Geld kostet und man die Kinder locker zu einer ganzen Serie von Spaziergängen vor die Tür bekommt. Die haben da für mindestens zehnmal ein konkretes Ziel vor Augen. Die Stöckchen müssen her, eine geeignete Wiese muss ausgespäht werden und dann natürlich die Schleudersession. Halali!

Und wenn man dann herbstlich halb erfroren heimkommt, eine schöne Tasse Melissentee zum abendlichen Pfannkuchen. Der schlaue Papa erzählt von den Jägern der Steinzeit, wie das damals war bei uns, als da noch keine Straßen und keine Städte, kein Supermarkt, keine Schule und einfach nur Wald war. *Naja, so Bären und Wölfe, die gab es auch. Fast so gefährlich wie Stoßstangen heute.*

Der kleine, müde, zufriedene Jäger schlürft den letzten Rest Tee. *Du Papa, die hatten es aber gut, die Kinder in der Steinzeit, die mussten nicht in den Kindergarten. Die haben immer von ihrem Papa so tolle Sachen gelernt bekommen.*

Stöckchen. Nur ein paar Stöckchen.

Inzwischen liegen die Fleischscheiben schön nebeneinander auf dem Brett und harren der Dinge, die da kommen. Hier seien zwei Wege zum Kurzgebratenen genannt: Natur und Paprika.

Natur heißt, dass die Scheiben in die Pfanne gehen, wie sie daliegen. Dazu eine gusseiserne Grillpfanne (wenn vorhanden) oder einfach das größte greifbare Bratteil auf den Herd und heizen, was geht. Es muss heiß sein, bevor das Fleisch aufschlägt. Also heiß und dann ein bisschen Olivenöl rein. Darf nicht rauchen! Das ist ungesund. Aber eben heiß.

So jetzt die Scheiben, wie sie sind, hinein und einen Gang runterschalten. Nicht umeinander rühren. Wenn es zu diesem Zeitpunkt leicht anliegt, ist das in Ordnung. Das findet sich. Wenn man hier aber die Teile schubst, reißt man die Oberfläche auf und die soll bitteschön zu bleiben. Einfach den Anblick und das würzige reine Aroma genießen. Fleisch duftet. Hier zeigt sich, ob wir gut eingekauft haben (und wie lang der Brocken schon im Kühlschrank darben musste). Auf der heißen Oberfläche verschließt sich das Fleisch schnell und rutscht bald locker über den Pfannenboden und der Saft bleibt, wo er hingehört.

Wenn das Weiß um die Ränder herum nach oben krabbelt, denken wir langsam ans Umdrehen. Ja, jetzt wäre es gut, wenn wir die paar langen Kochstäbchen in der Schublade haben. Wir denken ein bisschen darüber nach, ob wir nun wirklich umdrehen, gehen noch einmal in uns und dann – okay, jetzt umdrehen. Das geht nun ganz schnell. Wir haben Dampf auf der Platte und zwei Drittel der Denaturierung sind schon durch. Die Oberseite leuchtet uns braun gescheckt an und die Pfannenseite soll das auch bringen. Mal anheben und kontrollieren. Schwein muss durch sein. Also eventuell das dickste Stück raus und mittendurch schneiden, bevor wir die komplette Pfanne ausräumen. Ist die Schnittkante in der Mitte noch rosig, wieder rein damit und wir geben der Geschichte zwei Minuten obendrauf. Wohl gemerkt, wir reden hier über Schwein. Bei Rind ist durch gleich zäh – eine Schande! Übrigens auch bei Schwein kann man es leicht übertreiben. Kinder mögen zart und das sollte hier das Ziel sein. Gar nicht so einfach, weil Fleisch nicht gleich Fleisch ist und hier viele Dinge eine Rolle spielen. Halt mal wieder was zum Sammeln von Erfahrung.

Alles durch? Dann zügig raus und möglichst schnell servieren. Sprich die Teller sollten an dieser Stelle des Happenings schon auf dem Tisch stehen. Dieses einfache Stück Fleisch kann man nun auch einfach mit etwas Salz drauf kredenzen.

Eine feine kleine Geschichte: Es gibt im Haus kleine Schälchen für Dipp. Eines pro Esser. Da rein rieseln wir jetzt ein klitzekleines Häufchen Salz und träufeln einen Esslöffel vom guten Sesamöl darüber. Ob des Berges Salz wird gleich eingangs klargestellt, dass dieses Schälchen Dipp das einzige bleiben wird. Salz ist gut, Mengen von Salz machen krank.

Bei mir liegt das Fleisch als kleiner Berg auf einem Schneidebrett nebst Küchenmesser nahe dem Papateller. Hier entstehen die mundgerechten Happen, die dann links und rechts serviert werden. Auf den Kindertellern liegt derweil zum Beispiel ein Stück rohe Gurke, an dem man schon mal lutschen kann. Dazu die Beilage (wasauchimmer) und das kleine Schälchen, aus dem es kostbar sonnig braun leuchtet.

Die Alternative zum Dipp ist mariniertes Fleisch. Das kann man unmittelbar vor der Pfannenaktion aber auch schon bei passender Gelegenheit einige Stunden vorher abwickeln.

Das geht so: Nachdem die Fleischscheiben ausgebreitet vor uns auf dem Brett liegen, überall einen halbteelöffelgroßen Klacks Senf drauf. Ich nehme dazu Löwensenf medium. Ist für sich genommen hübsch scharf, aber das verbrät sich später in der Pfanne. Wir massieren das ein und denken dabei an die Frau, die heute spät und verspannt von der Arbeit kommt. Auch totes Fleisch will Liebe. Das schmeckt man hinterher. Dann Rosenpaprika drauf – nicht geizen! Und Salz. Ein Stups Cenofix. Wieder eine kräftige Streicheleinheit, dass die Geschichte schön reinwandert. Die Scheiben umdrehen und noch mal das ganze Programm. So versorgt können die jetzt satt roten Schweineteile in eine ameisensichere Plastikbox oder direkt in die Pfanne. In Sachen Einlegen wäre das Vorgeschlagene eine Basis. Der Variation und der Suche nach dem ganz speziell eigenen Rezept eröffnet sich hier ein weites Feld. Gell, das mit dem schon eingelegt gekauften Zeug – und sei es vom Metzgermeister höchstpersönlich – ist dagegen doch eine durch und durch gähnend langweilige Angelegenheit. Dabei ist die Geschichte so einfach. Wirklich etwas falsch machen kann man hier nicht. Und von Arbeit würde ich da auch nicht sprechen. Eher von einer sinnlichen Erfahrung.

Danach alles wie gehabt. In die Pfanne damit! Oder vielleicht heute, weil das Wetter so schön ist, auf den Grill? Oder die Grillpfanne zum guten alten Campingkocher in die Kiste gepackt. Das restliche Zeugs obendrauf und ab zum Räubermahl auf der Wiese im Wald, am See, auf den Berg, in die Tundra auf die Insel an den Fluss ... Der anschließende Nachmittag wird einfach klasse. Und abends massieren wir dann zur Abwechslung die Frau. Und die Kinder erzählen anderntags im Kindergarten, was sie mal wieder für ein Abenteuer mit ihrem tollen Papa erlebt haben.

SCHNITZEL GESCHNETZELT – GESCHNETZELTES

Fleisch. Aus der Pfanne und mit Soße.

300g Nudeln (wie wär's mit Spätzle?)
400g Schweinehals
eine Zwiebel
ein Becher Crème fraîche
Olivenöl
½ Brühwürfel
Rosenpaprika
ein Teelöffel Stärke
eventuell ein paar Cocktail-Tomaten

Nudelwasser aufsetzen und parallel zu Folgendem Nudeln kochen. Oder Spätzle vom Vortag aufwärmen. Fleisch in kleine Fleckchen, Zwiebel dünn schneiden. Zwiebel mit Brühwürfel in Pfanne anbraten, wenn glasig, Fleisch dazu. Fleisch durchbraten. Ablöschen mit Crème fraîche und zurückschalten. Würzen mit Paprika. Eindicken mit in Wasser gelöster Stärke. Pfanneninhalt über Nudeln und oben drauf eventuell Cocktail-Tomaten als Garnitur.

Im Prinzip geht das Folgende wie das vorausgegangene Rezept. Nur, dass wir statt der Schnitzel jetzt mit dem Messer richtig hinlangen und dann Zwiebeln mit in der Pfanne haben und eine Soße dazu kommt. Okay, alles irgendwie doch ganz anders.
Wie auch immer. Wir haben noch vom guten Schweinehals und können das mit dem schnellen Schnitzel nicht noch mal bringen. Dann halt eben was gaaanz anderes.
Erst mal das Nudelwasser aufsetzen. Die gehen nebenbei und werden hier nicht weiter erläutert. Das schafft ihr schon.

Dann wieder das große Messer, aber dieses Mal schneiden wir keine ganzen Scheiben knapp fingerdick, sondern mehr so in der Art wie Nagelklipsen. Ist ein bisschen mühsam, aber es geht ganz gut, wenn man eben nicht darauf achtet, dass der Schnitt gerade durchs Fleisch geht. Stattdessen mit der Hand, die das Schwein hält, Wubbel rausdrücken, die dann prompt abgeschnitten werden. So erhalten wir die kleinen Fleckchen, die es zu Geschnetzeltem eben braucht. Dabei auf die Muskelfaser achten. Je mehr durchgeschnitten, desto zarter auf dem Teller. Aber über all die Schneidung und Betrachtung nicht in Trance verfallen und das ganze Teil klein hacken. Schön aufgepasst: Erst ein Berg für Papa, dann ein Hügel für Kind 1, einer für Kind 2, ja und halt so weiter. Hier kann man gerne gut rechnen, denn die mögen das. Mein Wort drauf. Das rohe Schwein kommt erst mal auf einen Teller ins Abseits.

Die Zwiebeln sind dran. Kann man würfeln, aber besser hauchdünn auch so Schnitze von der Hälfte runter fieseln, die gerade auf dem Schneidebrett liegt. Die kommen als erstes in die Pfanne und darüber rieselt ein halber Brühwürfel ins wieder mal dekadent bemessene Olivenöl. Wenn die Zwiebeln gut glasig sind, rein mit dem Fleisch. Ah, hier sind wir beim Thema Glasige Zwiebeln. Ein wundervolles Thema. Einer, der es noch nicht gemacht hat, begreift nicht, was damit gemeint ist. Aber einfach ran an das Teil. Glasig. Das Wort sagt es und bei der Beobachtung dessen, was in der Pfanne passiert, wartet das Aha-Erlebnis. Eine Anmerkung dazu: Eigentlich reicht Glasig nicht zu Fertig. Da ist noch Dampf drin (ruhig wörtlich verstehen). Aber bei Geschnetzeltem ist glasig genau der Zeitpunkt, an dem sich das Fleisch zu den Zwiebeln gesellt.

Hier brauchen wir Hitze. Sollte die Kochplatte klein oder die zu verarbeitende Menge Fleisch groß sein, dann erst die eine Hälfte Fleisch in die Pfanne, kurz warten bis die Platte wieder durchheizt und dann der Rest. So läuft nichts aus und wird hart. Durchbraten. Auf der sicheren Seite ist hier, wer die Fleckchen eh schon fleißig klein gehalten hat.

Hier könnte man tolle Geschichten mit Weißwein veranstalten, aber wir kochen für Kinder. Nicht, dass der Alkohol ein Problem wäre (ist eh raus bei dem, was in der Pfanne so stattfindet). Es geht um den Geschmack und meine Erfahrung sagt, dass es Essig ist mit solcherlei Aromen zu arbeiten. Auch Bier am Braten fällt durch und die ganze Mühe war dann für die Katz – oder die Frau am Abend, was einem am Mittagstisch auch nicht wirklich weiter hilft.

So, jetzt aufpassen, dass die Zwiebeln nicht hässliche braune Ränder abbekommen. Aber weiter erst, wenn die Fleischfetzen bräunen und solcherweis gut durch sind, Tendenz knusprig. Dann kommt die Crème fraîche. Wir packen den ganzen Becher drauf. Der Esslöffel, der sonst übrig bleibt, wird mit 80prozentiger Wahrscheinlichkeit schimmlig und das ist schade drum. Aufkochen lassen und die ganze Geschichte runter von der Platte.

So sauber muss der Becher dann aber auch nicht ausgekratzt werden. Diese kleinen Becher sind, beiläufig schon ganz am Anfang der Kochaktion aus dem Kühlschrank geholt, ein fulminanter Köder, der für aufmerksame Beobachter sorgt. Da lernen die dann was, einfach indem sie dabei sind. Und wenn dann der Becherinhalt in die Pfanne flutscht, steht da so ein kleines Männchen mit leuchtenden Augen und grinst schweigend neben dem schaffenswütigen Papa. Sagt nix, hebt nur das Kinn. Ja, der Papa weiß, dass er diesen Becher essensrestlos sauber zurückbekommt. Blitzblank ausgeschleckt.

Das sind die kleinen Freuden, die Kinder bei der Stange halten. So etwas braucht es, um dranbleiben zu können, um über die spröde Distanz zu kommen. Brauchen Papas auch. Unseren Rest-Crème-Becher müssen wir uns aber in der Regel selber reichen. Das kann der neue Dan Brown auf dem Spielplatz sein. Jetzt wo wir im Sandkasten nicht mehr wirklich nötig sind. Oder eine halbe Stunde Siesta, während die Kinder nach dem Essen ihre Hausaufgaben erledigen. Ja ich gestehe, das ist bei mir auch mal ein Weizenbier am Mittagstisch. So etwas gönne ich mir. Die Prämisse dabei: Es muss laufen, der Betrieb darf davon nicht gestört werden.

Das muss er auch nicht, wenn wir mal Zeit für uns nutzen. So etwas ist drin. Das Hausmannleben läuft eben auf anderen Bahnen, wie die fremdbestimmte Struktur eines Berufsalltags. Der entscheidende Unterschied ist, dass ein Chef durchaus froh ist, wenn man sich selber knebelt und noch ein bisschen mehr Output für das Unternehmen aus sich heraus quetscht. Ausgequetscht kann man dann ja notfalls ersetzt werden. Das funktioniert in der Familie nur sehr bedingt. Ein Papa ist erst mal unkündbar. Und ein Papa, der keinen Spaß hat, kann noch so gut Begeisterung heucheln. Die merken das und entsprechende Ansteckung bleibt aus.

Außerdem ist das Ziel dieser Erziehungskiste eben nicht der kleine Chef, für den sich jeder krumm macht. Solche Chefs sind die auch gar nicht. Die Wollen, dass es allen gut geht. Wenn einer in der Familie darbt, dann ist das ein Störfaktor. Emotional wie praktisch. Gute Papas sind Papas, denen es gut geht. Die haben dann vielmehr von diesem herrlichen Unsinn im Kopf, der Kinder froh macht.

Die Crème im Becher wäre optimiert ausgekratzt nur Abfall. Weniger optimiert freut sich der Sohnemann, der auf das Unsaubere gelauert und ganz nebenbei viel in der Küche gesehen hat. Diese wonnespendenden Restchen, die um unser Leben Daheim so anfallen, wollen nicht wegrationalisiert werden. Sie wollen genutzt, genossen werden. So kommt für alle mehr dabei heraus.

Das Geschnetzel steht in der feinen Crème neben der Hitze und wartet auf weitere Behandlung. Jetzt wird es ernst. Man könnte jetzt schreiben „Rosenpaprika nach Belieben". Hilft hier ungefähr so viel wie „bei Verlust des Bodenkontaktes mit Schwimmbewegungen anfangen", wenn man einen Fluss quert. Auf jeden Fall: Das wundervoll rote Zeug muss rein. Vielleicht mit einem knapp halben Teelöffel anfangen, einrühren und probieren. Abschätzen, wie viel es noch braucht und – ja, da ist es wieder – vorsichtig herantasten. Wie immer ist zuviel der Gau. Da gibt es kein zurück mehr. Aber Rosenpaprika gibt hier der Sache erst eine Seele. Das verbindet sich mit dem Säuerlichen der Crème und bringt den Fleischgeschmack hoch und Farbe ins Geschehen. Zugegeben eine knifflige Angelegenheit. Aber ganz locker. Wir arbeiten ja nicht mit Tabasco. Hier gibt es ein bisschen Spielraum bis zu ungenießbar.

So, das haben wir. Jetzt sollte das geschmacklich eine runde Geschichte sein. Aber es ist noch eine ausgesprochen flüssige runde Geschichte. Das gibt Suppe unter den Nudeln und bleibt zurück, wenn der Hunger schon gestillt ist. Also eindicken. Dazu eineinhalb Teelöffel Speisestärke in ein Glas oder das eben leer geräumte Creme-Becherlein und zwei Schluck Wasser aus der Leitung drauf. Kurz rühren. Jetzt sollte das eine milchige Flüssigkeit sein. Nicht übertreiben mit dem Wasser, aber man muss es mit einem Schwups in die Pfanne kippen können. Genau das machen wir jetzt und dann – fleißig rühren dabei – zurück auf die heiße Platte. Paprika wird bitter, wenn man ihn lange kocht. Die Soße muss aber ein bisschen kochen, damit die Stärke arbeiten kann. Die Konsistenz ändert sich schnell und – Jawollja! – damit haben wir unser Geschnetzeltes. Vielleicht noch ein bisschen Unkraut drüberpulvern, aber das ist Geschmackssache. Nicht unsere Sache, wohl gemerkt, sondern die der Esser. Wer sich verkünstelt, läuft Gefahr, dass er dafür büßt. Beim Würzen für Kinder ist man mit einfach eher auf der sicheren Seite, aber das soll hier niemandem die Lust am Wagnis nehmen. Was auch peppt sind halbierte Cocktail-Tomaten. Die werden nicht mit gekocht. Viel zu schade drum. Einfach Nudeln unten, der jeweilige Anteil Pfanneninhalt dazu und ganz obendrauf die putzigen Hälften nett drapiert. Wenn man mit so einem Teller aus der Küche kommt, ist man einmal mehr der beste Papa auf der ganzen Welt.

POMMES UND EINE ECHT EDLE ALTERNATIVSCHNITZUNG

Kinder ohne Pommes? Geht gar nicht.

Das pommt
knappes Kilo Kartoffeln (festkochend)
Öl
Cenofix
Ketchup
eventuell ein Wienerwürstchen pro Nase

Kartoffeln schneiden, ölen, auf Blech bei 220 Grad backen, bis Kanten braun werden.

Ernährungstechnisch sind Pommes nicht der Meister aller Klassen, aber eben einfach DAS Kinderessen. Und zur Not braucht es da auch wenig dazu – außer Ketchup natürlich.

Wieder mal so was, was man auch kaufen kann. Kann man aber auch selber machen. Der Vorteil bei letzterem: Wir haben in der Hand, welche Kartoffel auf den Tisch kommt. Deutschland ist Kartoffelland. Ich kenne Italiener (welche, die gerne kochen), die sich besuchstechnisch ganz speziell darauf freuen, hier Kartoffeln zu essen und welche für daheim zu kaufen. Das geht dann so ähnlich, wie bei mir mit den Tomatendosen aus Italien. Kartoffeln sind eine Welt, ein Kosmos, ein Schatz unserer Kultur. Seitdem die aus Mexiko rüber gemacht haben, ist viel Zeit vergangen. Da hat sich was speziell Europäisches entwickelt. Etwas Großartiges. Das ist ein Thema, das Bibliotheken füllt – völlig zu Recht. Hier halte ich mich bescheiden an den Unterschied von mehlig und festkochend. Für Eintopf sind mehlige Sorten klasse. Die geben sich dem Wasser hin und verwandeln es in einen geschmackstechnischen Urozean, auf dem die Aromen von Zwiebel, Karotte und Fleisch unschuldig dümpelnd ihrer Entfaltung harren. Püree, ordentlich gebuttert, ist die Vollendung dessen in kristalliner Klarheit.

Das Geeignete zur pommologischen Brutzelung, wie wir sie hier vorhaben, ist festkochend. Diese Sorten haben mehr Rückrat, was ihre Form angeht und wollen vom Genuss heischenden Esser zerkaut werden. So etwas brauchen wir jetzt.

Die Menge legen wir wieder mit bewährter Häufchenproessertechnik vor uns auf die Arbeitsfläche. Dann brauchen wir Schäler – das Werkzeug ebenso, wie die gleichnamigen Arbeiter. Ja, Kinder können das. Arm dran, wer nur eines von den Schnitzteilen in der Schublade hat. Der bleibt auf dieser lausigen Arbeit alleine sitzen.

Eine elegante Lösung ist es, die Kartoffeln, falls vorhanden mit Wurzelbürste, sauber zu schrubben und die Schale einfach dran zu lassen. Ernährungstechnisch ein absoluter Gewinn. Nur halt ein bisschen schwer zu verkaufen.

Jetzt wird geschnipselt. Die Form ist bekannt. Die Stärke der Stifte hängt vom persönlichen Geschmack ab. Dabei kann man die Zeit im Ofen – ja, im Ofen, dazu gleich – verkürzen, wenn man hier fein arbeitet.

Jetzt liegt da ein Berg rohe Pommes. Der klassische Weg verläuft hier über eine fingerdick mit Öl gefüllte Pfanne auf

---

Teflon für den Ofen

Backpapier ist eine feine Sache. Das hat die gleiche Wirkung, wie Teflon in der Pfanne. Das Öl im Essen, das wir nur brauchen, damit beim Backen nichts einbrennt, ist obsolet. Und sperrige Bleche müssen nicht so oft in die Spüle.

Dabei kann so ein Fetzen Backpapier auch öfter verwendet werden. Kommando Sparfuchs beim Einkaufen: Die normale Rolle tut es gut. Da braucht es keine Spezialsupersonderbeschichtung mit Noppen. Und wenn wir eine Rolle und nicht viel zu großzügig vorgeschnittene Rechtecke erstehen, dann reicht das auch viel länger.

---

mittlerer Hitze. Aber da gibt es eine elegante Abzweigung. Dazu kommt ein Schüsselchen aus dem Schrank, in das wir Olivenöl kippen. Auf dem Herd wartet das Backblech mit einem Fetzten Backpapier drauf. Der Ofen läuft schon mal auf 220 Grad heiß.

Dieser Sauerei widmet sich der Küchenchef persönlich und alleine: Mit den Fingern durch das Öl im Schüsselchen und so kontaminiert die rohen Fritten behandeln, bevor sie in Reih und Glied auf das Blech kommen. Wenn die wild übereinander gehäuft in den Ofen gehen, wird das tendenziell Pampe. Und außerdem ist das knackig, wo Kartoffel auf Blech brät. Hier ergibt sich mengentechnisch eine Grenze, die bei der Essensplanung berücksichtig werden muss. Wer eine funktionierende Umluft und entsprechend viele Backbleche hat, kann aber natürlich auch auf zwei oder drei Ebenen arbeiten.

Nach etwas um die zwanzig Minuten sind die Pommes fertig. Dazu braucht es aber keine Uhr. Es riecht fertig. Erste knusprig braune Kanten sind zu sehen. Ich mag das Knusprige am liebsten, deshalb übe ich mich hier in Geduld und halte die Kinder noch ein bisschen hin. *Wie, du hast deinen Schulranzen für morgen noch nicht eingeräumt? Also wenn ihr euch jetzt in den Schlafanzug packt, haben wir hinterher vielleicht noch Zeit für drei Seiten vom neuen Peterson.*

Noch ein Nachtrag von wegen Risiko. Ich mag die Geschichte im Ofen aus einem entscheidenden Grund ausgesprochen gern: Ich muss dann nicht frittieren. Ich muss keine Pfanne mit fingerdick heißem Öl rumschubsen. Und das mit Kindern, die einem erwartungsvoll um die Füße krabbeln. Das ist kein Spaß. Die Fantasien, die sich da bei mir spontan einstellen, taugen absolut für einen Horrorschocker mit FSK18. Bloß weiter mit dem Rezept.

Also, die knusprigen Pommes rutschen vom Backpapier in eine große Schüssel und bekommen noch etwas Cenofix.

Das ist, wie gesagt, nicht wirklich die Krone der Ernährungswissenschaft, aber Kinder lieben es und wir können so mal ein richtig

---

Geschmack gepimpt

Cenofix ist was aus dem Reformhaus, aber es ist trotzdem ein gutes Stück weit Betrug am Esser. Das gelbe Pulver ist ein salziger Geschmacksverstärker. Ich gehe sparsam damit um, denn sowas versaut den Gaumen. Man gewöhnt sich dran, dass es intensiv schmeckt. Einfach ist dann schnell einfach fade. Ein schneller Sieg mit Bumerang-Effekt. Trotzdem mag ich das Zeug da und dort einfach. Manches hier ist vielleicht nicht so totalmente konsequent. Aber es funktioniert.

---

netter Papa sein. Wenn die an diesem Tag besonders lieb waren, legen wir noch fünf Minuten vor dem Ziel ein paar Wienerwürstchen neben die Pommes in den Ofen. Auch die Ölen wir ein, damit die nicht trocken schrumpeln müssen. Wenn man Würstchenstücke – das carnivorische Beiwerk kann auch aus Fleischwurst bestehen – an den Enden kreuzweise ein paar Zentimeter tief einschneidet, dann krubbelt sich das echt lustig.

Die Schüssel mit Pommes und eventuell den Würstchen oben drauf in die Tischmitte. Dann kriegt jeder ein kleines Tellerchen – groß genug für eine satte Pfütze Ketchup, das reicht. Und Besteck braucht hier kein Mensch.

Pommes sind so eine Standardsache, die man überall bekommt, wo man etwas zu essen kaufen kann. Das sind die Teile, die man schnell isst in der Stadt. Zwischen Buchhandlung und dem Erwerb dieser 30-Meter-Schnur, die man unbedingt braucht und die einen brauchbaren Vorwand für den Spaziergang durch die Regale des Outdoor-Ladens abgibt. Solche Läden sind noch besser als Baumarkt. Männer, Papas ganz besonders, müssen da ab und an einfach mal hin. Verstehen Frauen übrigens nicht. Versucht gar nicht erst, das denen zu erklären.

Das Problem bei solchen Stadttagen ist immer die Ernährungsfrage. Sogar dieser Teller Pommes kann schon üppig ins Budget kerben. Von anständig Essengehen wollen wir hier schweigen. Es geht auch nicht darum, sich eine Stunde in einem Restaurant rumzudrücken. Wir haben schließlich eine Menge zu erledigen.

Dabei wären die Kinder doch groß genug, dass ein Stadttag für alle Beteiligten ein Spaß ist und man sich das eigentlich öfter mal bieten möchte. Ohne Wickeln und Babybrei aufwärmen kann man da richtig was auf die Reihe bekommen an so einem Tag. Und außerdem tut es doch so gut, mal wieder unter Leuten zu sein.

Aber die Essensfrage liegt bei dieser Abwägung dann immer noch bleischwer auf der anderen Seite der Waagschale. Ich gestehe, dass ich dafür auch keine wirkliche Lösung habe. Gekaufte Pommes sind inzwischen verpönt und ich helfe mir mit der Imbissecke in der Markthalle aus. Da stehe ich dann zwischen tausend wuselnden Menschen und der Stehtisch fängt dreißig Zentimeter über dem Scheitel meines Kindes an. Irgendwie bekommt man das dann auch hin. Alle satt? Nur schnell weiter. Schließlich wartet Outdoor.

Nein, anständig Essen sieht für mich anders aus. Dabei denke ich mir, wenn ich da so mitten in diesem wunderbaren Markt mit all seinen kulinarischen Verlockungen stehe, dass das doch eigentlich so einfach sein könnte. Dort drüben gibt es zartschmelzenden Brie, hinten ums Eck lockt eine Auslage mit Parmaschinken, da, mir unmittelbar gegenüber, leuchten saftige Birnen aus der Kiste. Knackfrische Brotfladen gibt es einen Stand weiter. Für das gleiche Geld, für das ich eben drei gedörrte Bratwürste im Brötchen erstanden habe, könnte ich hier meinen Kindern eine Schlemmerbrotzeit kredenzen.

Nur – und das ist der rostige Hacken in meinem Fleische – wenn wir all das tolle Zeug gekauft haben, wo soll man das anschließend genießen? Sitzgelegenheiten in deutschen Städten sind rar und dann auch noch meistens eine siffige Angelegenheit. Lieblos aneinander gereihte Bänke inmitten des Passantenstroms, plain air und das im fortgeschrittenen Herbst – das ist nur ein nutzloses Feigenblatt für die Architekten. Und wenn ich erst drei Haltestellen zwischen urbanem Jagdgebiet und friedvoller Essstatt hin und her fahren muss, dann gehe ich gleich nachhause.

Ich verstehe ja, dass der Platz in einem Einkaufszentrum ein knappes und teures Gut ist. Aber Leute mit Kindern sind echt gute Kundschaft. Echt, die brauchen so viel. Und wenn man diese Kundschaft ein bisschen pflegt, dann kommen die gerne. Wir Mitkinderleute sind dabei so bescheiden. Ein kleines Eckchen, etwas abseits. Überdacht und halbwegs warm. Vielleicht was nettes Tischähnliches, wo man seinen Rucksack pudelsicher draufstellen kann. Schon sind wir da und shoppen was das Zeug hält. Wir sind nicht versessen auf das Internet, wir gingen gerne öfter in die Stadt zum Einkaufen – wenn man uns denn die Möglichkeit dazu geben würde.

Das waren abschweifige Gedanken und Pommes. Jetzt machen wir ohne gedankliches Beiwerk aber immer noch hinsichtlich Pommes das Gleiche, nur auf die elegante Tour. Dazu halbiert man die geschälten Kartoffeln. So liegen die jetzt vor uns satt auf dem Schneidebrett. Und jetzt kommt es – wir schneiden die Kartoffelhälfte quer zur Länge im Abstand von etwas um die zwei

Millimeter ein. Dabei darf das Messer aber nicht ganz durch gehen. Die halbe Knolle braucht die Schnitte, damit die Ofenhitze hinein kommt, wird aber nicht weiter zerstückelt. Ist ein bisschen knifflig. Man kriegt da aber schnell einen

Kartoffelschäler: ein Messer und eine Gelegenheit
Schäler müssen scharf sein. Auch in einer Kinderhand. Keine Angst, Kinderblut fließt da höchstens die ersten dreimal. Und Schäler schneiden nicht tief. Schmerzen in Kombination mit einem in Ausblick gestellten Genuss, mit einem familiären Projekt, sind ein ausgezeichneter Lehrmeister und generieren Tapferkeit. Und schlechtes, sprich stumpfes Werkzeug zeitigt schlechtes Ergebnis: erziehungstechnisch ebenso wie kartoffelesk.

In meinem Haus kennen Kinder die ein oder andere (kalkulierbare) Gefahr aus Erfahrung. Was scharf ist, will gelernt sein. Ein guter Schäler bringt es ihnen bei. Erst wenn das kapiert wurde, kann man über das eigene Taschenmesser diskutieren – scharf und jetzt auch noch spitz. Ja, spitz. Diese abgerundeten Teile taugen einfach nicht, um einen aus der Haselnussstaude gesägten Spazierstock zu verschönern. Und eine nicht existente Spitze ist nicht nur unpraktisch. Sie ist auch eine verpasste Gelegenheit, einen kleinen Schritt auf seinem Weg zu gehen, den man zum großen Glück nur selber gehen kann.

Außerdem ist das wie mit Stützrädern am Fahrrad. Diese ganzen Pseudosicherheitslösungen sind in der Regel vorläufige Lösungen. Die haben dann den Nachteil, dass Kinder damit Falsches lernen, und sei es nur falsche Sicherheit. Es ist ein großer Unterschied, mit und ohne Stützräder um die Kurve zu heizen. So, und irgendwann müssen diese Schwachsinnsteile ja dann doch ab. Knallen die lieben Kleinen eben jetzt aufs Knie. Das war dann nicht wirklich Ziel führend. Das war nur gefällig.

Man, auch wenn man Kind ist, muss eine Gefahr kennen, um ihr begegnen zu können. Um das Kindern beizubringen, muss man manchmal ein Risiko eingehen. Die Abwägung ist dabei das heikle Geschäft, das jedem Papa, der seinen Job ernst nimmt, dann und wann schlaflose Nächte bereitet. Nützt aber nichts. Wir können die nicht in Watte packen und ein Leben lang im Schrank aufbewahren. Irgendwann müssen die mal raus.

Spätestens dann sollten sich unsere Schützlinge mit dem ein oder anderen auskennen. Zum Beispiel damit, was ein Messer ist und wie man ein Messer in der Hand hält. Sonst wird das nichts mit Kochen.

Rhythmus in die Schneidebewegung und dann geht das schon. Wenn doch mal die Klinge ausrutscht und komplett durchschneidet, dann legen wir die Teile so auf das Backblech, dass das Malheur nicht zu sehen ist. Das brät dann patexmäßig wieder zusammen. Liegen die Hälften eingeschnitten auf dem Backpapier, dann bekommen sie wider die Austrocknung einen Schluck Öl drüber gepinselt.

Ja, Pommes oder diese Variante auch, sind zeittechnisch nicht ganz ohne. Schnell ist aus der Tüte. Aber ein Koch, der kochen nicht nur als Arbeit begreift, ist hier ganz nach dem Kanzlerinnenwort: alternativlos.

Ein Vorteil der eingeschnittenen Hälften besteht darin, dass man erheblich mehr Masse auf ein Blech bekommt als gestiftelt. Außerdem kann das hübsch edel werden. Für den Sonntagmittagsbesuch krümeln wir Parmesan drauf, bevor die Teile in den Ofen gehen. Oder, steht Lamm oder was Geschmortes auf dem Speisezettel, dann kann es auch gehackter frischer Rosmarin und etwas gehackter Knoblauch sein. Mit dieser Beilage gewinnen wir jeden Preis. Und Kinder mögen es so oder so mit Ketchup.

KLEINE KLASSIKER – TOAST

Brot drunter, Käse drüber und ab in den Ofen. Schnelle Lösung für den Abend, wenn heikle Nachbar-Lausbuben mitessen.

Hawaii
4 Scheiben Toastbrot, Butter, 4 Scheiben Schinken, Käse
Salami
4 Scheiben Brot, Butter, 8 Rädchen Salami, 2 kleine Tomaten, Käse
Räuber
4 Scheiben Brot, Butter
1 kleine Zwiebel
150 g Dörrfleisch
Käse

Das ist kurz, da braucht es keine noch kürzere Anleitung. Okay, für Räuber: Gebuttertes Brot. Im Topf Zwiebeln und Schweinebauch anbraten und aufs Brot und Käse drüber und in den Ofen und gut. Ketchup.

Ob man bei Toast überhaupt von Kochen reden kann, ist diskussionswürdig. Dabei aber nicht zu leugnen: Toast schmeckt so gut wie jedem und ergibt auch etwas Warmes im Bauch. Zur Not kann man alles in Ketchup ertränken und schnell schlucken.
Um jemandem heute Toast Hawaii zu verkaufen, muss schon die Masche Retro herhalten. Aber schnell und schmutzig hilft manchmal auch. Nicht nur wenn einen die Unlust übermannt. Sowas rettet den Abend, wenn man sich beim Nachmittag im Bad mit der Zeit verhaut hat. Man bringt damit die Kinder satt ins Bett, auch wenn der Kühlschrank wegen dem ausgefallenen Abstecher zum

Supermarkt einmal weitgehend leer geblieben ist. Ein paar Scheiben Sandwich-Brot (Brot ist hier ein Euphemismus) im Gefrierfach helfen aus der Not. Butter, Kochschinken und ein Ring Ananas aus der Dose. Ohne Zucker einfach im eigenen Saft. Wenigstens für den Käse halten wir uns an etwas Handfestes: Ein Emmentaler darf es schon sein. Diese in Plastik eingeschweißten Schmelzkäseflecken sind – mit Verlaub – unterste Schublade. Der Rest geht so schnell, wie ein müdes Kind seinen Schlafanzug und ein paar warme Socken anziehen kann: Rein die Teile in den Ofen, raus auf die Teller und dann ab zum Zähneputzen. Wir heben das Niveau, indem wir die Hausmacher-Salami vom Metzger auf eine gebutterte Scheibe anständiges Brot packen. Zwei Scheiben frische Tomate dazu, Rosenpaprika und einen Stups Oregano drauf und wieder der Schweizer.

Der Dreh mit dem Messer

Wenn man so ein kleines Obstmesser hat, dann kann man hier alles damit wunderbar klar bekommen. Nur für die Butter ist so eine kerzengerade scharfe Schneide doof. Aber wir kommen trotzdem nur mit einer Klinge durch: Dazu einfach den runden Rücken nach vorn drehen. Und buttern. Diese kleine Drehung erspart in Summe viel Abwasch, wenn man sich erst mal so was angewöhnt hat. Noch ein Vorteil: Wenn man was vom Brett schiebt und das mit dem Rücken des Messers erledigt, schont es die Schneide. Über Hirnholz mit schabender Klinge, das ist für unseren geliebten Stahl fast so schmerzhaft, wie wenn er durch ein Wollfell schneiden muss.

Nein, ich mag Toast nicht wirklich, aber das ist ein Bereich der Kulinaria, der im Leben mit Kindern – und deshalb hier – seinen Platz hat. Abschiede sind auch sowas. Das gehört zu den großen kleinen Dingen im Leben, die radikal ihr Gesicht ändern, wenn sie einem aus der Perspektive Hausmann begegnen. Es ist durchaus ein Unterschied, ob man der ist, der geht, oder der, der an der Wohnungstür mit flüchtigem Küsschen zurückbleibt. Ein richtiger Hassort ist bei mir der Flughafen. Ich bin viel zu oft dort. Nicht um abzuheben. Um die Frau aufzugeben. Ich selbst bleibe dann hübsch am Boden, fahre nach getanem Werk wieder heim. Die Kinder gehen los in die Schule. Ich gucke denen noch nach, weil ich keine Lust habe, die Tür zuzumachen. Mache die dann aber doch zu. Die Arbeit wartet.

Ist wie Toast. Gehört einfach dazu. Aber mögen müssen wir das deswegen noch lange nicht. Die entscheidende Erfahrung dabei: der zu sein, der zurückbleibt. Die anderen gehen. Hinaus in die Welt.

Manchmal glaube ich, dass am Grunde all dieser kleinen Paradiese und wohlgefälligen Nestchen nicht das Bedürfnis nach heiler Welt, sondern schlichter Frust als Fundament liegt. Dieser Frust, der zu sein, der zurückgelassen wird, während die anderen auf Abenteuer ausgehen. Irgendwas muss man ja auch daheim machen. In diesen engen Kreis gezwungen wird dann geputzt was das Zeug hält, Möbel umgestellt und teurer Nippes erstanden. Die ganze Palette eben.

Dabei sind es gerade diese vielen Abschiede, die uns Daheimbleibern eine große Verantwortung an die Backe kleben. Die wollen dramaturgisch bereitet sein, denn wir schicken unsere Frau los ins Haifischbecken des Gelderwerbs und die Kinder ins Abenteuer Schule, wo man Hirn erwerben und sich unter Kollegen behaupten muss, die auch gerade erst lernen müssen, als sozialofähiges Wesen durch die Welt zu tapern. Die letzten gemeinsamen Momente an der Wohnungstür entscheiden darüber, was die vom Hafen Familie mitnehmen. Im Optimalfall besteht dieser Proviant in der Gewissheit einer ruhmreichen Heimkehr. Dass der Papa mittags die Tür aufmacht, die Schultasche abnimmt (und vielleicht daran denkt, die Brotzeitschachtel schon jetzt und nicht erst bei der morgendlichen Frühstücksbereitung in die Küche zu packen). *Und jetzt erzähl mal, was gibt es Neues?* Es geht weiter.

Ja, Abschied ist eine hohe Kunst. Und jeder Abschied ist die Aussicht auf eine neue Begegnung. Darin enthalten ist für uns auch eine Begegnung mit der Welt da draußen. Wir daheim bekommen die aus zweiter Hand. Aber wir haben als nicht unwichtiger Teil unserer Familie Anteil daran. Und wir bestimmen über die Grundlage, die unsere Lieben dafür mit hinaus nehmen.

Ein Gedanke hilft mir, diese doofe Angelegenheit und den Drang zu putzen zu bewältigen: Nichts ist für immer. Man weiß nie, was wann kommt. Eines vielleicht gar nicht so fernen Tages werden wir es wieder sein, die allmorgendlich die Leinen losmachen und sehnsüchtig an eine zweite Tasse

Kaffee mit der Frau denken, für die einfach keine Zeit mehr ist. Solcher Weise mit tiefsinnigen Gedanken beladen gehe ich zurück und räume den Frühstückstisch frei und nutze die Ruhe mit einem Artikel aus der eben aus dem Briefkasten geangelten Zeitung.

Dass auch Toast genießbar sein kann, beweist die Variation Räuber. Dazu werden gehackte Zwiebeln im Topf mit wenig Öl glasig angeschwitzt. Wenig Öl, weil dazu kommt jetzt eine Handvoll Würfelchen. vom geräucherten Schweinebauch Diese Mischung wieder auf einen Kanten gebuttertes Brot und Käse druf. Für den Papa geht das gepfeffert in den Ofen. Schmeckt auch mal ganz gut, und ich habe nicht die geringste Hemmung, das in Ketchup zu tunken. Bei Hawaii geht das ja gar nicht ohne.

Um ein paar Vitaminchen dazu auf den Tisch zu bringen, kredenzen wir ergänzend rohe Gurkenscheiben oder Tomatenschnitze. Vielleicht auch eine halbe Paprika gestiftelt. Das Teller Rohkost wird generiert, während die Toast-Teile im Ofen backen.

Die Zerkleinerung des Toasts ist für Kinder nicht ganz einfach, wenn normales Brot kross gebacken wird. Daher nimmt der liebe Papa noch ein Brett und das gewaltigste Küchenmesser der Schublade und hackt das ganze Teil am Tisch in handliche Happen.

KAISERSCHMARRN

Deftig gute Mehlspeise für Kinder von fortgeschrittenen Kochlöffelschwingern.

Eleganz mit Ei

4 Eier

200g Mehl

250g Milch

50g Butter

Puderzucker

Apfelmus

Eier trennen. Eischnee schlagen. Eigelb mit Mehl und Milch verquirlen und in Eischnee unterheben. Butter in Pfanne schmelzen und Teig drauf. Zerhacken und mit Puderzucker bestreuen.

Das ist eine einfache Geschichte, wenn man es sich einfach macht: Pfannkuchenteig komplett eine Ladung in die Pfanne und in Stücke zerhackt durchgebraten und fertig. Das ist einfach. Elegant ist eine andere Geschichte, die jetzt dran kommt. Dazu muss man schon ein bisschen fitt sein in der Küche. Die Grundlage sind hier wieder mal vier Eier. Aber halt, die kommen jetzt nicht einfach so schnöde in die Schüssel. Wir wollen es locker leicht und das erreichen wir mit steif geschlagenem Eiweiß. Es geht also los mit Eier trennen. Das heißt, dass ein Ei vorsichtig am Schüsselrand der größeren unserer beiden Schüsseln, die wir dazu brauchen, aufgeschlagen wird und dann. Ja, dann haben wir über der Schüssel – für Greenhorns über einer separaten Tasse, aus der man dann Eiweiß für Eiweiß in die Schüssel kippt, oder das gelb verunreinigte Eiweiß in die andere Schüssel zum Eigelb packt – zwei Hälften, je eine in einer Hand. Gar nicht so einfach, die fragile Hülle dabei nicht komplett zu zermatschen, ich weiß, und es wird noch schlimmer. Zwischen diesen beiden gezackelten Kalkhälften schütten wir jetzt vorsichtig das Eigelb hin und her, bis der weiße Schlaz dazwischen weitestgehend in die Schüssel oder Tasse darunter gekleckert ist. Im Optimalfall haben wir dann ein intaktes Eigelb in einer Eierschalenhälfte. Darauf darf man dann beim ersten Mal schon ein bisschen stolz sein. Ich habe das schon ein paarmal gemacht, aber wenn ich da so ein bloß gelegtes Eigelb sehe – ja, das freut mich immer noch. Das Eigelb kommt in die kleine Schüssel. Und auf ein Neues.

Wichtig dabei ist, dass hinterher keine gelben Schlieren im Eiweiß schwimmen. Das ist wirklich sehr wichtig. Eigelb ist fettig und dann klappt das nicht mehr mit dem Eischnee. Sollte es doch passiert sein, dann ignorieren wir das und machen trotzdem weiter mit so was in der Richtung schaumigen Eiermatsch. Aber da jetzt bloß nicht zuviel rühren! Dann gerinnt die Geschichte. Ihr wisst nicht, was geronnenes Ei ist? Glaubt mir. Ihr wollt es gar nicht wissen.

Also wir haben richtig schön getrenntes Ei. Im kleinen Schüsselein dümpelt es gelb. Das stellen wir erst mal auf die Seite. In der großen schwappt der durchsichtige Schleim, der gleich Eischnee werden wird. Dazu greifen wir zum Handmixer. Ja, dieses Mal muss es sein. Die Rührer in den Schleim und los volle Lotte. Wenn man die freie Hand ein bisschen über den Schüsselrand hält, muss man hinterher weniger wegwischen. Das wird jetzt schaumig, weiß. Das wird fest und wir sehen die verquirlte Spur der Rührstäbe. Das bleibt jetzt fest stehen. Vorsicht, zu lange heißt auch hier geronnen. Ist nicht schön. Verwertbar, aber definitiv nicht schön.

Fertig mit dem Schnee? Sicher? Okay, dann schreiten wir zum Test Damokles: Ein Kind neben den Teppich auf die Küchenfliesen stellen. „Ich brauch dich mal. Das ist jetzt ganz wichtig, damit der Kaiserschmarrn gleich auch gut schmeckt. Halt mal still." Wir nehmen die Schüssel mit dem Eischnee. Heben das Teil über das Haupt des Kindes. Der arme kleine Kerl weiß nicht, was auf ihn zukommt. Hat vielleicht ganz interessiert und ein bisschen angeekelt das schleimige Eiweiß beobachtet, wie es von der Eierschale in eben diese Schüssel suppte, die jetzt über ihm schwebt. Wir flöten zuckersüß: *Kuck mal!* und drehen gleichzeitig die Schüssel um. Haben wir einen fertigen Eischnee, dann muss das Kind jetzt nicht in die Dusche. Der Eischnee hält in der Schüssel. Leider ist dieser Test sehr einprägsam und wird nach dem dritten Mal langweilig. Aber es gibt ja glücklicherweise ab und an Besuch. Die wollen auch erfahren, dass es bei uns in der Küche Abenteuer zu bestehen gibt. Und bis dahin sind wir in Sachen Eischnee ja auch schon alte Hasen.

Show vorbei, weiter mit der Arbeit. Der Schnee kommt auf die Seite und die Schüssel mit dem Eigelb ist dran. Da der Handmixer schon mal angeschmiert ist, geht es mit dem weiter. 250 Gramm Milch (1/4 Liter für schlechte Rechner) abwiegen oder messen. Davon nicht gleich alles, aber ein satter Schwubs ins Eigelb und oben drauf 200 Gramm Mehl. Rühren. Und nein, damit den Test nicht wiederholen. Das gibt ein Unglück. Aber glatt rühren und die Restmilch schluckweise rein gießen. Das gibt einen ausgesprochen dicken und ausgesprochen gelben Pfannkuchenteig. Hübsch.

Die zwei Komponenten müssen jetzt wieder zusammen. Das ist nach Trennen und Schneeschlagen die dritte diffizile Angelegenheit dieses Rezeptes. Und später dann kommt noch eine. Ja, jetzt wird dem einen oder anderen bestimmt langsam klar, warum bei dieser Geschichte jemand auf so eine adelige Namensgebung gekommen ist.

Der Terminus Technicus heißt *Unterheben*. Damit bezeichnet der Fachmann ein Vermengen verschiedener Komponenten, ohne sie wirklich zu mischen. Nein, das ist nicht schwierig zu verstehen. Es geht schlicht darum, dass wir den gelben Teig einrühren, ohne unseren schönen Eischnee zurück in den Zustand Schleim zu verwandeln. Also rüber mit Gelb in die große Schüssel. Schüttet man langsam und hat beim Schnee nichts falsch gemacht, dann steht der Teig auf dem geschlagenen Eiweiß. Wenn nicht, ist das nicht so schlimm. Vielleicht beim nächsten Schnee. So, jetzt nehmen wir den Gummischaber, mit dem wir gleich alles in die Pfanne kratzen werden. Damit, das gute Stück aus dem Handgelenk kreisen lassend vermengen. Drei, viermal durchfahren, das reicht. Kein Schleim. Der Teig braucht seine Luft. Sind da jetzt noch weiße Klumpen, dann ist das genau richtig.

Man muss ab und zu die Dinge so sein lassen, wie sie sein sollen. Nicht hirnlos werkeln wie blöd. Auch Faulheit macht sich manchmal bezahlt. Dabei geht es nicht um Arbeitsverweigerung. Es ist nur so, dass in der Küche manchmal – ja, da kommt es wieder – weniger mehr ist. Und damit es auch jeder kapiert, kommt das jetzt gleich noch mal. In der Pfanne.

Die Platte an auf unmotiviert mittlerer Hitze. Bei meinem aktuellen Herd wäre das Stufe sechs. In der Teflonpfanne sind die 50 Gramm Butter schon halbwegs in den flüssigen Zustand übergegangen. Rein mit dem Teig. Alles. Der Gummischaber tut seinen Dienst. Und schon sind wir wieder beim Thema. Der Teig will auf dem dicken Polster Fett jetzt langsam denaturieren, fest werden. Will da einer umrühren? Loshacken? Schließlich muss das ja in Stücke. Finger weg! Ab ans Waschbecken und Küche sauber machen. Die Pfanne will in Ruhe ihren Dienst tun. Nach ein paar Minuten kann man vielleicht mal am Pfannengriff ruckeln und solcherweis erkunden, ob sich da unter der rohen, schaumigen Oberfläche schon eine Schicht gebildet hat. Je mehr sich da oben mitbewegt, desto dicker. Vielleicht dann mal mit einem breiten Schaber anheben. Oh, ja, schön goldbraun. So jetzt hacken. Der feste Grund wird mit dem Schieber tortenstückmäßig in vier Teile zerdrückt. Von der Spitze in der Mitte her drunter fahren und Stück für Stück wenden. So ein richtig breiter Schieber ist hier gut. So und jetzt Endspurt an der Spüle.

Endspurt, da denke ich doch gleich an die wadenstählende Art der Fortbewegung. Fahrradfahren, das ist mit Kindern eine gefährliche aber herrliche Art, die Welt zu erkunden. Und da kann man es mal so richtig genießen, dass die Fähigkeiten der Liebenkleinen wachsen.

Ich erinnere mich da an Spaziergänge, auf denen ich viel gelernt habe. Mit dem Dreirad vielleicht. Oder einfach nach dem Regen mit putzig kleinen Gummistiefeln raus. Es gab da bei mir nicht weit weg einen Hühnerzuchtverein. Tolle Sache für jemanden der zwei Jahre alt und gerade mal unwesentlich größer als so eine dicke Henne ist.

Der Weg dahin eine Welt, da ein prächtig gelber Löwenzahn, hier ein Randstein auf die so gut wie nicht befahrene Wohnstraße. Den kann man rauf und runter steigen und muss dabei nur noch ganz, ganz selten vom Papa aufgefangen werden. Es ist eine Erfahrung, die man nur mit Kindern macht, dass knappe 500 Meter Weg eine abenteuerliche Reise sein können, für die es eine dreiviertel Stunde gut genutzte Zeit braucht. Und dann erst die Hühner hinter Maschendraht, Mannomann!

Die Treppen hoch zur Wohnung habe ich das erschöpfte kleine Wesen dann getragen. Es konnte gut sein, dass das Kind dabei zwischen erstem Stock und Wohnungstür auf dem Arm eingeschlafen ist.

Und jetzt? Ha, mit dem Fahrrad kommen wir bis weit hinter die Gemeindegrenze. Da gibt es ferne Spielplätze, Gemüsehändler und den Fluss, ja, wir schaffen es schon bis zum Fluss! Die Welt ist wieder ein ganzes Stück kleiner geworden, der Mikrokosmos Straßevordemhaus zusammengeschnurrt auf fünfzehn Tritte ins Pedal.

Kann man direkt in bisschen wehmütig werden. Das dürfen Papas auch ab und zu, wenn sie es nicht übertreiben, jawohl. Muss man aber nicht. Schließlich wurde viel gewonnen. Möglichkeiten und andere Orte, die in ihrer Erreichbarkeit nun der Entdeckung harren. Der von den Fähigkeiten der Kinder abgesteckte Rahmen ist weiter geworden, hat sich dem unsrigen, dem eines Erwachsenen schon ein gutes Stück weit angenähert.

Fahrrad ist eine feine Sache. Während das Auto einfach die Verbindung zwischen zwei Orten ist, geht es mit dem Fahrrad raus vor die Tür. Vielleicht gibt es ein Ziel – Spielplatz, Bäcker, Drachensteigen. Aber schon der Weg für sich ist ein Ereignis. Ein bisschen so, wie damals die abenteuerliche Reise zu den Hühnern. Das Schöne an einem Fahrrad ist, dass man jetzt selbst auch ein bisschen was arbeiten kann. So ein Stündchen Pedale treten, das hilft ungemein wieder die haptischen Konsequenzen eines Tellers Käsespätzle.

So nähern sich Interessen an und man muss sich als normaler Mensch, alias Papa, nicht mehr ganz so zurücknehmen. Ich hab mir auch wieder ein Fahrrad angeschafft. Ein bildhübsches Ding in Schwarz und Weiß. Aber auf eine Gangschaltung habe ich dabei ganz trendy verzichtet. Singlespeed heißt das. Vielleicht, wenn die Kinder mal noch ein bisschen gewachsen sind, werden die maulen, dass das so langsam geht mit dem Alten Herrn. Aber ich weiß schon, was ich denen dann unter die Nase reibe: *Freunde, das hab ich von euch gelernt. Ist gar nicht so wichtig, dass man vorankommt. Manchmal kommt man prima weiter, wenn 500 Meter eine abenteuerliche Reise sind.* Natürlich werden die trotzdem weiter maulen, aber dann müssen die sich eben mal zurücknehmen. Sonst spendiere ich hinterher kein Eis. Nein, dieses Rad ohne Gangschaltung gefällt mir richtig gut.

Es gehört zu den mutigsten Taten in meinem Papadasein, als ich das erste Mal sagte *In die Pedale!* und ich danke wirklich unser aller oberstem Chef, dass das bisher gut gegangen ist. Aber bereut habe ich es nicht. Fahrradfahren ist klasse. Und neben dem Straßenverkehr gibt es so viele Wege ohne Autos, dass, bei ein bisschen Planung, diese Gefahr fast ausgeschaltet werden kann. Trotzdem, man muss sich bei diesem sportlichen Teil der Kindererziehung einfach klar sein, dass der vorausradelnde Papa vieles nicht in der Hand hat. Und ja, man braucht ein bisschen Glück im Leben, aber man sollte da auch nichts überstrapazieren. Wann es mit den Kindern in den Verkehr geht und wo und auf welche Art und Weise, das gilt es wirklich gut, sehr gut abzuwägen.

In der Küche und bei Kaiserschmarrn ist jetzt Zerstückelung auch ein Thema. Bei der finalen Metzelei in der Pfanne zeigt sich die Kunst, mit so wenigen Stichen wie möglich kindermundgerechte Stücke zu bekommen. Alles Drücken ist in Angriff auf locker. Die Teile ein bisschen in der Pfanne rund ruckeln. Letzte Schnittkanten buttrig goldgelbbraun backen. Gut.

Wir brauchen Teller. Tiefe Teller, in die gerecht geteilt wird. Darüber kommt jetzt eine großzügige Beschneiung mit Puderzucker. Sowas freut Kinder, wenn sie Berge von Süße sehen. Warum da den Zucker im Teig verstecken?

Das kann man jetzt einfach so essen. Man kann aber auch ein Schüsselchen Kirschen drüber schubsen. Die, die von der letzten Muffinaktion übrig sind. Rot auf Zuckerweiß, das schaut hübsch aus. Oder Kompott. Mein persönlicher Favorit ist kalt geriebenes Apfelmus dazu.

MÜDE BIN ICH, GEH ZUR RUH: GRIEßBREI

Auch ein Halbstarker ist manchmal einfach ein müdes Kind.

Für die gute Pampe
300g Milch
30g Weichweizengrieß
ein Ei
ein Schnitz Butter
ein Esslöffel Zucker
sechs Kirschen (zum Beispiel)
(alles das pro Esser)

Milch in Topf einwiegen. Topf auf Platte. Ei einfach in die Milch schlagen und unter Rühren langsam Grieß einrieseln. Butter und Zucker rein und rühren, bis es breiig wird und in die Schüssel damit. Auskühlen lassen. Kirschen klein schneiden und auf den Brei.

Lange draußen gewesen. Viel erlebt. Die Schramme vom Skeatboarden tapfer weggesteckt. Da ist der Papa stolz auf dieses braun gebrannte kleine Wesen, das sich freiwillig und unaufgefordert den Schlafanzug angezogen hat und jetzt müde auf dem Sofa sitzt. In eine dicke Decke gewickelt wartet. *Wie wäre Grießbrei?* Die Frage wird gütlich abgenickt. Papa weiß es eben. Müde bin ich. Ich habe ein Recht drauf, ein Kind zu sein. Ein kleines süßes Kind, das Grießbrei futtert. Jawohl.
So einer hat einen guten Grießbrei verdient. Der muss seine Batterien aufladen, dass er morgen wieder fitt ist. Da muss ordentlich Energie und Geschmack rein in den Brei.
Die Mengen hier gehen schnell mit der Wage in den Topf. Auch die Milch messe ich so aus, wenn ich das Teil schon mal dastehen habe. Das wären pro Nase

bei mir etwas um die 300 Gramm Milch. Das Verhältnis von Milch zu Weichweizengrieß ist 10:1. Während die Milch bei mittlerer Hitze auf den Herd geht, werden in ein kleines Schüsselchen entsprechend 30 Gramm Grieß eingebröselt. Darf auch zehn Gramm mehr sein. Das macht das Endergebnis ein bisschen dicker. Dazu stellen wir neben den Herd Butter und Zucker.

Jetzt noch das Ei aus dem Kühlschrank. Einfach aufschlagen und rein in die sich langsam erwärmende Milch. Wir greifen zum Kochlöffel und beginnen zu rühren. Wir hören erst wieder damit auf, wenn der Brei in die Schüssel fließt. Der brennt nämlich sonst an. Oder es klumpt. Alles nicht so gut. Während die eine Hand rührt, schüttet die andere laaaaangsam den Grieß in die Milch. Ein satter Esslöffel Zucker hinterher. Und dann lernt ein dickes Stück Butter schwimmen. Nicht nur so eine magere Scheibe. Ein richtig fett dickes Stück Butter.

Das Eigelb wird harpuniert und zerrührt. Schöne Farbe kommt in die Veranstaltung. Rührend schauen wir zu, wie sich satt gelbe Fettaugen vom Butterschnitz lösen und langsam in der Milch aufgehen. Das hat was Meditatives. Es dampft, dann wirft es erste Blasen.

Wir denken an den Karton, der seit dem letzten Geburtstag des Sohnes darauf wartet, dass aus seinem Inhalt ein fetter Dreimaster gepfriemelt wird. So mit viel Takelage und ganz, ganz kleinen Hölzchen – tausende kleine Hölzchen! Ein Modell. Eigentlich nicht wirklich ein Modell. Diese Bausätze haben etwas Sonderbares an sich. Die Generalintention ist, dass Kinder Kleinklein richtig mögen. Das ist der Grund, warum sowas von Papa, Opa, Onkel gekauft wird. Keine Frage. Aber ein Modell?

Ich hatte mal ein richtig gutes Modell. Auch ein Schiff und ja, das ist bei mir nicht Zufall, sondern subversive Erziehung. Sagt meiner, dass er mal Bootsbauer wird und das gefällt dem Papa richtig gut. Aber wir waren beim Thema Modell. Ein Modell ist eine vereinfachte Form, die erklärt, wie es in groß gemacht wird, eigentlich ein Bauplan. Da sind Maße und Verhältnisse, das Hintereinander der einzelnen Schritte wichtig. Also, dieses echte Modell war ein kleines Boot. Auf den Kiel kam die Bodenplatte, darauf der Spiegel und ein oberer Rahmen und dann konnte man die Seiten steuer- und backbords aufziehen. Das Rigg, das Ruder und Kram und – nach zwei Winterabenden – fertig.

So, und wenn man jetzt ein bisschen festeres Sperrholz nehmen würde und die Maße hochrechnet ... Nein, kein Platz in der Garage und der Weg ans Meer zu weit. Sei stark Seemann. Widerstehe. Ehrlich gesagt liegt das nicht an der Distanz Deutschland-Kroatien, dass ich diese Möglichkeit, die das Modell eröffnet, noch nicht in die Tat umgesetzt habe. Es liegt an der Frau, die nachhaltig darauf reagieren würde, wenn da ein wunderhübsch gefügtes Werk aus dicken Brettern im Wohnzimmer seiner Funktion als Kiel entgegentrocknet. Glaubt mir, ihr Seefahrer im Herzen, Frauen tendieren dazu, bei solchen Dingen eine ausgesprochen nüchterne Perspektive einzunehmen.

Das Entscheidende bei diesem einfachen Modell ist, dass man damit könnte. In der reduzierten Form erklärt sich der Weg zum Boot. Es ist eine Spielerei, die etwas vermittelt, etwas zeigt, etwas lehrt. Nicht irgendwie so pädagogisierend, sondern einfach praktisch aus dem Umgang mit den Dingen heraus.

Das andere Teil, das noch immer im Karton wartet – ich mach es, ehrlich, gleich heute Abend setz ich mich hin und fange damit an – hat schon einen fertigen Plastikrumpf, hübsch bunt und historisch bestimmt richtig vorlackiert. Da gibt es viel, das, nur zum Zusammenstecken und schlau vorgefertigt, die Arbeit des Papas erleichtert. Ja, und all die vielen kleinen Segel werden bestimmt Eindruck machen. Wenn man das anguckt, kann man von Zeiten träumen, wo noch romantisch unter Wind die Welt entdeckt wurde. Aber das wird ganz oben im Regal stehen, weil zum handfesten Spielen ungeeignet. Und der Papa wird einfach nur froh sein, dass alles endlich zusammengefummelt und erledigt ist. Fertig. Das Resultat ist ein Staubfänger.

Aber eines hat mich diese Sache, mit der Papas spielen müssen, dann doch gelehrt. Ich habe etwas verstanden, das sich viel zu oft bei dem findet, mit dem Kinder spielen müssen. Ich denke an all die Regale in Kinderzimmern, die überquellen von Sachen, die fertig sind. Wie dieser Dreimaster bestimmt bald fertig sein wird, ehrlich. Imponierend komplex und doch so einfach zu machen, dass sie ein Kind gähnend locker hinbekommt. Eindrucksvoll. Schließlich fertig. Kann man was Neues kaufen. Gute Spielsachen sind etwas anderes. Mehr und gleichzeitig weniger.

Wir rühren immer noch. Schön weiterrühren, damit nichts anbrennt. Das wird dick. Ist fertig.

Vielleicht hat man noch das Schüsselchen aus Windelpupser-Tagen. Süße Erinnerung. In der Schüssel besser noch ein paar Minuten auskühlen lassen. Dann verbrennt sich niemand die Zunge. Und erst mal am Tisch wollen gerade müde Esser ihren Job schnell erledigt haben. Den generellen Zusammenhang zwischen Kind und Geduld, den muss man hier nicht wirklich erörtern, oder?

Ich serviere meistens mit einer Handvoll Kirschen aus dem Glas. Die hacke ich – umsorgender Papa, der ich bin – auf dem Brett auch noch klein. Oben in die Mitte damit. Das ist hübsch. Das ist Liebe. Dann und wann braucht es so was.

APFELSTRUDEL, MON AMOUR

Das Dessert!

Nudelteig mit Apfel geht so
4 Eier
400g Mehl
3 Esslöffel Olivenöl
1250g Äpfel
100g Butter
200g Zucker
eine Limette (pro Kilo Apfelschnitze)

Nudelteig aus Mehl, Eier, Öl generieren. Äpfel schnitzeln und Limette drüber. Teig vierteln und nacheinander auswellen, belegen mit ¼ der Äpfel, Zucker drauf streuen – nicht geizen. Einrollen. Auf gebuttertes Blech. Butter drauf, Zucker drauf. 200 Grad, 45 Minuten.

Man muss nicht gleich biblisch werden, um dem Apfel zu huldigen. Knackiger Vater allen Obstes. Ein Apfelstrudel ist das, was ihm desserttechnisch gerecht wird. Damit verbinden sich Erinnerungen an hausmännischen Erfolg, an Lobesweihelieder, an Genuss.
Strudel heißt hier, dass wir mit Nudelteig arbeiten. Das ist genau der gleiche Teig, in den ich auch Sauerkraut einwickle. Also 400 Gramm Mehl, vier Eier und Olivenöl. Kneten.
Dann geht es ans Äpfelschnibbeln. Dazu machen wir uns vielleicht eine Tasse Kaffee und gehen, so es die herbstlichen Temperaturen noch einmal erlauben, raus in die Sonne.
Ist schon ein bisschen kalt um die Zehen herum, aber die Barfußsaison vorzeitig beenden? Doch wohl nicht im ernst. Bevor die Extremitäten wieder in

beengendes Leder gezwängt werden müssen, wirklich müssen aufgrund der Gefahr von Frostbeulen, habe ich eine andere echt hausmännische Lösung gefunden: Flip-Flops. Genauer gesagt: Flip-Flops abseits des Strandlebens. Diese Dinger sind für jemanden, der öfter mal raus aber selten weit weg vom heimischen Herd kommt, ein wertvolles Detail des Lebens.

Ich habe mich lange Zeit gewundert, warum dieses mehr Mach- als Schuhwerk, sich so hartnäckig im menschlichen Dasein hält. Meine Theorien gingen da erst Richtung Tomatensaft im Flugzeug. Hält sich auch. Hartnäckig. Habt ihr schon mal probiert? Muss man nicht wirklich. Gut, ich hab das probiert. Stilecht im Flieger. Ich hab das Plastikbecherlein ausgetrunken. Manche Dinge muss man aushalten. Ich war danach irgendwie stolz auf mich und als die Stewardess kam und das Tablett mitnahm, da hatte ich die spontane Regung, das Becherlein zu behalten. Als Trophäe. Ja, leer, ganz leer. Hab es ausgehalten. Aber angesichts der faszinierend beengten Situation war damals mein Freiheitsdrang dann doch stärker. Nach einer Coca-Cola, noch so ein faszinierendes Getränk, ging es dann wieder einigermaßen. Ich denke noch manchmal an diesen Becher. Diese Erinnerung hilft mir in schwerer Stunde. Beim Zahnarzt zum Beispiel.

Was Flip-Flops angeht, muss ich aber solche Parallelen verwerfen. Die Dinger sind nützlich. Die haben sich ihr Recht zu sein redlich verdient. Nach mehr als 500 Metern werden die zwar gesundheitsgefährdend, aber zum Laufen sind die auch nicht gemacht. Flip-Flops sind der orthopädische Gau. Aber sie erheben über den Bodenkontakt. Wie hilfreich das ist, dämmert spätestens im Hallenbad, wenn unser vielleicht nicht mehr unterstützungs-, aber halt noch beistandsbedürftiger Nachwuchs sich entschieden hat, endlich auch dort das Klo zu benutzen. Ja, das Fäkaliending liegt hiermit endgültig hinter uns!

Der zentrale Einsatzort meiner Flip-Flops ist aber die Terrasse. Wenn man, wie zum Beispiel bei der hier beschriebenen Backgeschichte, eben mal mit einer Schüssel Äpfel und einer Tasse raus geht und die Steine unter unseren Füßen den dräuenden Winter vorwegnehmen. Die sind gut, wenn man mal kurz den Müll rausbringt, in den Keller tapert – nicht zwingend um den Bierbestand in der Küche aufzufrischen, aber auch dazu. Wenn man dreckige Wäsche im Korb ihrer Bestimmung zuführt, nach der Post im Briefkasten guckt, beziehungsweise dort die Werbung entsorgt und schweren Herzens die Zehn-Euro-Rechnung der gemeindlich gnadenlosen Falschparker-Jäger doch nicht übersieht, die zwischen all den bunten Zetteln steckt. Flipflop,flipflop tragen wir dann gebeugten Hauptes und schuhwerkbedingt schlurfenden Schrittes die postalische Heimsuchung an den Esstisch, wo wir sie noch eine Woche ablagern lassen, bis uns der Blick auf dieses Stück briefgewordene Kleinbürger-Spießerei unerträglich wird.

So schlichen sich diese zwei Plastikschaumsohlen mit den puristischen Zehenschlaufen in mein Leben. Und mit ihnen der Klang, der für die Namensgebung verantwortlich ist. Ich mag diesen Klang. Er begleitet mich, wenn ich da bin, wo ich gerne bin. Daheim. Und natürlich am Wasser. Aber da bin ich ja auch daheim. So ist das bei mir. Flipflop.

Bei Gala, Braeburn und allem, das man auch roh in den Mund steckt, bleibt die Schale dran. Bei Backäpfeln – mein bester Freund heißt Boskop – kommt sie runter. Ist ein bisschen ledrig, darum. Aber das hindert bei mir niemanden daran, die Schale als verheißungsvolle Vorspeise zu konsumieren. Besonders, wenn man da ein spiralig langes Band hinbekommt, das vom Stiel bis zum Strunk nicht eingerissen ist. Blanke Erfurcht kommt da aus Richtung der nebenstehenden Taschenmesserfraktion. Kernhaus raus und die

Fruchtige Kultur

Apfel ist ein weites Feld. Bei dieser Geschichte bestimmt die Wahl der Frucht den Charakter des Gerichts. Da kann man Sorten auch kombinieren, vielleicht eine Handvoll Johannisbeeren dazu. Sauer macht hier nichts, weil wir das mit dem Zucker kompensieren können. Jede Sorte hat ihr ganz eigenes Aroma. Das fordert heraus zu Experimenten. Solcherweis erfassen wir den ganzen Luxus eines waschechten Kulturguts namens Apfel.

Reichtum, das ist ein voll behängter Apfelbaum beschienen von milder Herbstsonne. Die letzten paarhundert Jahre haben sich da eine ganze Menge schlaue Menschen unmenschlich angestrengt, zu veredeln, neu zu züchten, zu kreuzen und was nicht alles. Es ist für einen Koch durchaus ein hehrer Anspruch, diesen lieben Leuten gerecht werden zu wollen. Außerdem ist es eine ganz spezielle Freude für jeden Esser, die Früchte dieser Arbeit zu entdecken.

Viertel in dünne Schnitze einfach mit dem kleinen Obstmesser in die Schüssel auf unserem Schoß abschnippen. Das dauert alles eine Weile. Wir brauchen etwas um ein rundes Kilo Schnittgut. Meine persönliche Faustregel: satte 250 Gramm Apfelschnitze pro 100 Gramm Mehl. Und auf das geschnittene Kilo kommt dann noch der Saft einer Limette drüber. Es geht auch Zitrone, aber ich mag Limette gern. Das gibt dem Resultat eine exotische Note, mit der man bei der Schwiegermama punktet.

Das Blech bekommt heute kein Papier. Aber es muss genug Rand haben, um auskochenden Apfelsaft zu halten. Ist nicht viel, aber wenn der suppt und einbrät, dann heißt das Ofen schrubben. Das Blech wird gebuttert. Einfach alles gut einreiben. Das ist was wie mit der Sonnencreme: Nicht wirklich schwierig, aber bei der Ehefrau lassen wir uns dieses Vergnügen auch nicht von den Kindern abnehmen.

Zurück zum Teig. In vier einzelnen Klumpen ist der einfacher auszurollen. Wir greifen zum Nudelholz. Das Teiglein muss jetzt nicht wirklich so dünn sein, dass man die hier immer angeführte Zeitung durchlesen kann. In meinen Augen auch so eine von diesen seltsamen Proben und außerdem ist Druckerschwärze nicht wirklich gesund. Also einfach so dünn, wie das eben geht. Den Teig immer ein bisschen mit Mehl bestreuen, wenn er auf der Küchenplatte oder dem Nudelholz kleben bleibt. Und dann geht das schon. In der Breite orientieren wir uns lose am Maß unseres Backblechs.

Ein Viertel des Schüsselinhalts gleichmäßig verteilen und jetzt den Zucker mit der Hand drüber rieseln. Ja, da kommt ordentlich Zucker rein. Denn das ist kein Mittagessen. Das ist ein Dessert. Und außerdem ist in einem Becher aus dem Kühlregal, auf dem Fruchtyoghurt steht, mehr Zucker drin. Jetzt wird das Ganze stramm aufgerollt und wir haben die erste Tolle auf dem Blech. Von einer Seite zur anderen. Die wird jetzt so in bisschen flach gedrückt, dass sie auch ihr Viertel an Breite einnimmt.

Man kann – wenn man kann, sprich eine genügend große Arbeitsfläche hat – auch den Teig im Ganzen ausrollen. Und weil wir schon ein dreiviertel Stündchen so kringelig geschält haben, legen wir mit dem langen Rundling eine blechfüllende Spirale. Dabei immer ein bisschen platt drücken. So ein Blech ist später hübsch zu servieren. Da staunt auch die Fachfrau.

Die restliche Butter wird geschnipselt und kommt oben drauf. Eine Spur von Schnitzen. Das gibt die eine Hälfte der Kruste. Die andere ist der restliche Zucker, der über die Butter gestreut wird.

Bei 200 Grad in den Ofen. Zuerst schmilzt die Butter in den Teig und den darüber gestreuten Zucker. Das wird eine knackige Geschichte. Dann geben die sich erhitzenden Äpfel ihren Saft dazu. Der Nudelteig kocht duftend in dieser göttlichen Soße, die jetzt auf dem Blech steht. Habe ich schon einmal erwähnt, dass etwas bei unserem schönen Handwerk duftet? Nun, dieses köchelnde Blech duftet. Nektar und Ambrosia! Der Saft dickt ein und zieht in den Teig. Es bleibt ein bisschen Zucker zurück, der unten an den Strudel karamellisiert. Das wird jetzt alles rundherum marmoriert braun. Den Zucker nicht einbrennen lassen. Wir sind nämlich hier nach etwas um die 45 Minuten fertig.

Dass die Geschichte sich entwickelt, wie eben beschrieben, liegt zentral an den Äpfeln. Die Rohware muss unbedingt saftig sein. Lageräpfel kurz vor Ostern sind das nicht mehr. Deswegen ist dieses Rezept bei mir ein Herbstrezept. Eine kleine Entschädigung dafür, dass sich dieser Sommer schon wieder genauso schnell aus dem Staub gemacht hat, wie seine Vorgänger. Was für eine

---

Snack mit Sonderlizenz

Apfel ist schon technisch eine ultimativ feine Sache. Geschnitten in die Plastikbox, vielleicht noch einen Spritzer Limette drüber – das ist ein, nein, das ist der Snack zum Mitnehmen. Gesund und praktisch weil nicht bröselig. Wer braucht diese sinnlos gezuckerten, trockenen Mehlteiglinge namens Butterkeks? Vielleicht noch dazu eine dieser ebenfalls sinnlos gezuckerten, pappigen Saftersatzkartönchen. Wozu braucht man das? Die schlichte, viel praktischere Alternative ist ein Apfel.

Apfel ist bei mir auch die eine große Ausnahme, das einzige Essen mit Lizenz fürs Auto. So es denn doch einmal bei mir an die Waschanlage geht, freue ich mich darum immer diebisch angesichts dieser verkrümmt an ihren Rückbänken werkelnden Mütter bei der Saugstation. Bröselzuckriges Essen zwischendurch und überall, das ist eine dieser schnellen Lösungen. Ein voller Mund quengelt nicht. Stimmt. Aber dass man eine Rückbank saugen muss, das ist in meinen Augen daran das kleinste Problem. Muss aber jeder selber wissen, was er tut.

Gemeinheit. Aber Apfelstrudel... da denken wir zurück an all die gut genutzten Tage im Freibad, an sonnentrunkene Abende auf dem Balkon, an dieses schattige Grün von Laub, unter dem wir einmal eine satte halbe Stunde haben ruhen dürfen, während die Kinder versuchten, mit Steinchen in eine von uns hart erarbeitete kleine Kuhle zu werfen.

Wir schauen diese jetzt selig mampfenden Kinder an und denken uns, dass wir die schon ein ganzes Stück größer bekommen haben, seit es das letzte Jahr Apfelstrudel gegeben hat. Wir stopfen uns schnell eine Gabel dieses köstlichen, unter unseren Händen entstandenen Apfelstrudels in den Mund und wuscheln denen die Haare.

HEFETEIG SÜß: ZOPF

Die einfache Art Torte taugt auch zum Frühstück

Rein damit
500g Mehl
200g Milch
2 Eier
50g Butter
40g Zucker
½ Würfel Hefe
2 Esslöffel Puderzucker
Limette

Teig kneten, eine Stunde mindestens gehen lassen. Flechten, eventuell Eigelb drüber pinseln und bei 200 Grad in den Ofen. Raus, wenn schön braun und Genussdampf wabert. Zuckerguss anrühren und drauf, wenn Zopf handwarm. Wenn frisch, dann am besten ohne gar nichts essen.

So ein langsam sich entwickelndes Wunderding wie Hefeteig ist viel zu schade, um es hier nur bei der Unterlage für Pizza zu belassen. Ein bisschen verfeinert gibt Hefeteig eine wunderbare, weil nicht so mit Zucker überladene Nachmittagsveranstaltung. Also es regnet. Nachdem der Mittagstisch abgeräumt und das Vorleseprogramm absolviert worden ist, gehen die Kinder eine Runde spielen und der Papa zurück in die Küche. „Brav sein, dann gibt das heute noch was Feines."
In das Pfund Mehl wird ein halber Würfel Hefe fein gebröselt. Umrühren. Dann die Milch. Zwei Eier drauf und geschmolzene Butter. Zucker und gut. Zuerst mit etwas wie einem Kochlöffel arbeiten und dann auf die Arbeitsplatte gekippt. Das Resultat muss unter dem Handballen homogen und glatt weggehen. Beim

Kneten dauert das ein bisschen, bis sich die Feuchtigkeit ins Mehl setzt. Ist es aber auch nach fünf Minuten Kneten noch klebrig, dann haben wir richtig schöne große Eier drin. Dann darf man auch einen Esslöffel Mehl zugeben. Kneten. So, das kommt jetzt zurück in die Schüssel, Deckel drauf und Ruhe. Wir gehen mit den Kindern ins Arbeitszimmer, an den Computer und ins Internet.

Ja, da finden Kinder immer was. So viele hübsche Bildchen, soviel Käse. Und in diesem Meer des Unsinns und der Zeitverschwendung – von den richtig dunklen Ecken wissen die dann bald eh viel zu früh Bescheid – lasst uns die Perlen ansteuern. Kurs halten ist da selbst für Erwachsene schwer, aber wir haben vorher ausgemacht, um was es heute geht. *Tauchermann*, das Wort des Sohnes kam wie aus der Pistole geschossen und so steht der Fels in der Brandung und wir surfen auf Youtube zu den wackeren Helden der nicht ganz so tiefen See und – das ist dann nur ein klitzekleines bisschen geschummelt – landen höchst zufällig bei den Ohnegeräteleuten. Mit Haien, mit Walen, über Korallen schwebend, oder tief unten, wo das ewige Dunkelblau hypnotisch lockt. Tolle Bildchen sind das. Gefallen zufällig auch dem Papa.

Zum Internet mit Kindern ist alles gesagt. Man kann sich als Papa eigentlich kaum retten vor einschlägigen Ratschlägen. Ist auch nicht schlecht, auch wenn die gegen die professionelle Lauscherei nichts ausrichten. Naja, so ein paar Dinge reduzieren wenigstens den Spam und machen es den Räubern da draußen nicht ganz so einfach, unser Konto zu plündern. Ja, das müssen wir unseren Kindern beibringen und ich denke, wir Papas müssen da noch eine ganze Weile aufpassen, bis die das kapiert haben. Und das tue ich auch. Die gehen bei mir nicht alleine ins Netz.

So kann ich denen erklären, dass man nicht in jedes Feld was schreibt, wo bitte-name-vorname-geburtsdatum-kreditkartennummer-schuhgröße-heiratsabsichten-sternzeichen-terrorneigung-nsa-sagt-danke steht und schon gar nicht immer die Wahrheit. Und dass man nicht jedes Spiel herunter lädt, weil gratis hier nur heißt, dass man mit anderen Dingen bezahlt als Geld.

Sich da auf die Schule zu verlassen ist leichtsinnig. Da ist manch ein Lehrer so stolz auf den Computerraum, dass er die elementaren Internetverhaltensregeln über die Hinweise zur Mausbedienung und wie man die veralteten Kisten hochfährt schlicht vergisst. Ist echt lustig, wie Schule der modernen Zeit manchmal hinterher hinkt. Das ist in gewisser Weise auch verständlich. Lehrer haben wichtigeres zu tun, als sich mit jedem modischen Kram zu beschäftigen. Dumm wird es nur, wenn das dann Ignoranz gebiert, weil man ja irgendwie auch drin sein muss. Man hält sich da gerne an technischen Dingen fest, die gut zu lehren sind. Wie wenn das noch nötig wäre, einem Erstklässler den Umgang mit der Maus beizubringen. Wenn die dann groß sind, ist eine Computermaus das, was für uns alte Herrschaften die DOS-Befehle waren, die ich seinerzeit in mein Matheheft schreiben musste. Herzlich sinnlos.

Am Computer kreist bei mir der Helikopterpapa. Viel mutiger bin ich da bei anderen Dingen. Auf dem Schulweg zum Beispiel. Ich mag es, wenn sich Kinder bewegen. Ich denke so ein bisschen frische Luft vor dem Klassenmief bläst das Hirn durch. Natürlich ist der Verkehr eine kitzlige Angelegenheit. Aber ich weiß, dass ich angerufen werde, wenn der Sohn zehn Minuten nach dem Gong nicht in der Klasse sitzt und ich kenne die Zeit, wenn der wieder losmacht Richtung Daheim. Das sind die Dinge, bei denen ich mich auf Schule blind verlasse. Das sind die wichtigen Dinge.

Für einen phantasiebegabten Menschen wie mich ist da immer noch viel, viel Platz, sich schlimme Geschichten auszudenken. Auch wenn das jetzt schon eine ganze Weile gut läuft, bin ich immer noch froh, das erwartete Sturmgeklingel an der Haustür zu hören. Aber die Kinder wissen das und – Überraschung – die fühlen sich da für mein seelisches Wohlergehen durchaus verantwortlich. Meistens. Kurz gesagt, das klappt ganz gut und ist für alle ein Gewinn. Ich habe es leichter, weil ich auch so schon genug hierhin und dahin fahren muss. Und die Kinder haben einen dieser vielen kleinen Schritte gemacht, die hinaus führen in die Welt, wo die Abenteuer warten, wo die Schätze gehoben und die Meere überquert werden wollen.

Der Teig ist schön gegangen – nach etwas um mindestens vierzig Minuten – und wir haben noch zwanzig Minuten bis zum Termin im Ofen. Wir heben das Teil aus der Schüssel und formen eine armdicke Wurst. Die wird jetzt für die Stränge gedrei- oder geviertelt. Dicke Rolle machen, die mit Daumen und Restfingern umfassen und gegenläufig an gewünschter Stelle abdrehen. Aus dem Resultat formen wir Kugeln, legen sie zu einem hübschen Häuflein auf ein bisschen ausgestreutes Mehl und stürzen die Schüssel drüber. Wieder Ruhe. Für den Teig.

Die Kinder sind bei der Rückkehr ins Arbeitszimmer bereits marodierend weiter gezogen. Der Clip auf Youtube mit dem tollen, unvergleichlichen Apnoisten Nery Guillaume hat zu einem Tiefseeabenteuer mit Betthöhlenerforschung angeregt. Also schnell die Mails gecheckt und, Hups, schon sind die zwanzig Minuten Teigruhe um. Wieder ab in die Küche. Aus den Kugeln werden Stränge. Das darf schon fünfzig Zentimeter lang sein. Das wird ja geflochten. Geschafft. Was für ein Kunstwerk! Wir befördern das Kunstwerk auf ein Backpapier auf einem Backblech. Ist hoffentlich immer noch ein Kunstwerk. Das hat ein Extra verdient. Wir trennen ein Ei. Wir brauchen nur das Eigelb. Das streichen wir jetzt liebevoll mit

Verwobene Stränge

Für die Formgebung eines Zopfes wenden wir uns vertrauensvoll an das Töchterleinklein. Wer schon flechten kann, kann ja auf dumm machen und es sich trotzdem anhand von Schnüren und bunter Wolle zeigen lassen. Oder mal gemeinsam überlegen, wie man ein vierstrangiges Werk umsetzt. Verwickelte Geschichte. Zopf will aber unbedingt geflochten werden. Das schaut hübsch aus, und wir bewegen uns auf dem gepflegten Boden der Tradition. Wieso hat ein Brötchen eigentlich diesen Stern aus fünf Schnitten? Das sind Fragen, die einen tief, tief hinein in alte Geschichten versenken. Verwunschene Handlungsstränge. Wege, die Äonen überwinden und genau jetzt hier bei uns vor dem Sofa enden. Der Teig geht von selber auf. Da ist Zeit für eine gemeinsame Wikipedia-Sitzung.

Oder wir bleiben beim Thema Knoten und lernen zusammen oder lehren ruhmreich den Palstek. Sowas nützliches lernen die nämlich nicht in der Schule. Da braucht es einen Papa. Knoten ist übrigens ein Lieblingsthema von mir. Es gibt da nette kleine Breviere in jeder Buchhandlung. Die Bibel für Fanatiker: „Das Ashley-Buch der Knoten".

einem Pinsel oben auf all die sinnlichen Hefewubbel. Das gibt hinterher eine hübsche dunkelbraun glänzende Backoptik. Wie bei Oma. Rein in den Ofen bei 200 Grad. Vielleicht doch eher bei 180, wenn es ein richtiger dicker Oschi ist.

Ein bisschen Zeit ist jetzt wieder, aber lieber nicht mehr zu den doofen Mails. Wer erst bei Brandgeruch in die Küche zurückkehrt, kommt zu spät. Wir bleiben hier und widmen uns dem Abwasch. Genießen die Aromen in der Luft. Gucken. Nein, noch zu bleich. Jetzt? Oh, oben dunkel und unten bleich. Da hilft ein Fetzen Alufolie. Einfach auf die Problemzonen legen, dann geht das noch ein bisschen. Berauschender Backduft, hefige Süße. So, jetzt wie bei der Pizza checken, ob die Farbe auf der Unterseite stimmt. Es gibt da einen Unterschied zwischen schön sonnig braun und einem Ton, der ins Grau kippelt. Aber das hier hat man eh geruchstechnisch im Griff. Traut eurer Nase. Was gut riecht, schmeckt auch gut – in der Küche jedenfalls meistens.

Auf keinen Fall taugt diese Stichprobe hier, bei der irgendwas irgendwo reingepiekt wird. Sollte an einem solchen Probestäbchen noch Teig hängen bleiben, dann heißt das nur, dass das gute Stück noch nicht mal einen Ofen von innen gesehen hat und selbst roh sollte dank Butter im Teig eigentlich alles glatt rein und raus gehen. Ja genau, ich mag diese Anpiekserei allgemein nicht. Ist für mich schlechter Stil. So geht man nicht respektvoll mit seinen Sachen um. Amen.

Fertig? Dann raus. Optimal, also auch nach unten, dampft der Zopf auf einem Gitter ab. So und das sollte jetzt irgendwo außerhalb der Reichweite dieser lästigen kleinen Fingerlein sein, die da unbedingt dran rumpopeln müssen. Versteh ich ja. Trotzdem.

So richtig problematisch wird es in dieser Hinsicht, wenn die mitkriegen, dass man den Zuckerguss anrührt. Aber ihr schafft das. Zum Zuckerguss brauchen wir Puderzucker. Zwei dick gehäufte Esslöffel in einem Glas. Und dann kann man mit Wasser weitermachen. Mach ich aber nicht. Ich nehme Limettensaft. Nur ein paar Tröpfchen über das weiße Pulver. Das ist exakt das Gleiche, wie Gips anrühren. Das darf nicht wirklich fließen! Sonst saugt es sich bei der Verarbeitung matschgenerativ in den Zopf. Das muss irgendwo zwischen flüssig und fest sein. Auf jeden Fall glatt. Beim ersten Mal: Wirklich nur Tropfen für Tropfen herantasten. Sollte die Geschichte flüssig geworden sein, dann weg damit. Wir versauen mehr Zucker, wenn wir da feststofflich nachkippen, als wenn das Missgeschick in die Kanalisation geht. Unter fließendem Wasser. Damit niemand im schmutzigen Waschbecken rumleckt.

Kann man seine Hand ruhig und gelassen auf den Zopf legen? Dann ist er kalt genug für die Bezuckerung. Optimal steht der Zuckerguss nach einem Moment des Fließens fest auf der Kruste. Ja und dann. Es gibt Leute, die behaupten, dass warmer Hefeteig Bauchweh macht. Es gibt da aber auch einen, der behauptet, dass dieser Hefezopf, der gerade so Wonne verheißend vor uns steht, jetzt am allerallerbesten schmeckt. Meistens ist man sich da schnell einig mit seinen Kindern.

BACKE, BACKE MUFFIN

Schnelle Geschichte für den Besuch am Nachmittag.

Zusammenzurühren
Teig für zwölf (für 18):
200 (300)g Mehl
100 (150)g Zucker
100 (150)g zerlaufene Butter
2 (3) Eier
200 (300)g Joghurt
1 (1 ½) Teelöffel Backpulver
eventuell echte Vanille
Obst (Kirschen aus dem Glas)

Alle Zutaten außer Obst in Schüssel und glatt rühren. Muffinblech mit Papierförmchen bestücken. Mit zwei Löffeln je einen Klecks Teig in die Kuhlen. Darauf je vier Kirschen. Restteig darüber. Bei 200 Grad in den Ofen. Wenn Seite auch leicht gebräunt, dann fertig. Muffins aus dem Blech und abkühlen lassen.

Natürlich schmecken Blätterteig, Quarkini und Berliner vom Bäcker. Aber ist uns die Bekanntschaft aus dem Kindergarten nicht mehr wert? Kulinarisches Kompliment: Es klingelt, alle stürmen zur Tür und zum fröhlichen Willkommen wabert dem lieben Gast der Duft von frisch Gebackenem warm entgegen. Das kommt gut. Frisch schmecken die Teile eh am besten. Also terminlich lieber so backen, dass es dampft, wenn es klingelt. Kinder, auch auf Besuch, sehen gerne etwas entstehen und fünf Minuten warten zeitigt Erwartung. Das hebt unseren Marktwert beträchtlich.
Materialtechnisch haben wir bei IKEA zugeschlagen und weil die Muffinbleche so billig sind, kann man auch gleich zwei mitnehmen. Das Standardmaß zwölf

ist ein bisschen mickrig, wenn Besuch kommt. Die Papierschüsselchen gibt es in jedem Supermarkt. Sogar solche, die ohne Blechkuhle stehen. Aber die taugen nicht wirklich.

Der Teig stellt keine Anforderungen an die Reihenfolge, aber man sollte tunlichst nichts vergessen. Also Rührschüssel auf die Wage und Posten für Posten – bis auf das Obst – draufpacken. Kurz die Liste durchgehen, ob auch wirklich nichts fehlt. Wage verstauen. Schneebesen oder Kochlöffel gezückt. Das geht leicht glatt. Besonders leicht, wenn man das Mehl eingesiebt hat. Das war es schon.

Jetzt zügig weitermachen, denn das Backpulver arbeitet. Muffinbleche mit Papier bestücken. Zum Kochlöffel oder ähnlichem einen Esslöffel zur Unterstützung verwenden und solcherweise erst kleine Kleckse in jede Kuhle. Nun hat das Papier Gewicht und sollte am richtigen Platz sein.

In diese Unterlage vier Kirschen aus dem Glas (oder etwas, das vom Flüssigkeitsgehalt in etwa hinkommt) in den Boden drücken. Dann den restlichen Teig aus der Schüssel mit bewährter Zwei-Instrumente-Tecknik gleichmäßig auf die Förmchen verteilen. Bei Bedarf noch mit einem halbwegs sauberen und feuchten Lappen das Blech zwischen den Förmchen abwischen. Bei 180 Grad in den Ofen.

Wann die Geschichte raus muss, sagt uns der Duft. Aber es ist auch interessant, das Werden zu beobachten. Wer einen billigen Herd hat, muss dabei seinen Kindern erklären, dass Gucken und auf eine knackheiße Glasscheibe patschen durchaus nicht das Gleiche ist. Ein drastischer Hinweis auf Schmerzen und Krankenhausbesuch ist hier mal angebracht. Angst machen ist eine echt gemeine Art, Kinder unter Kontrolle zu halten. Aber Angst, wo Angst angebracht ist, hilft – nicht nur Kindern. Genug erzogen: Zur Beobachtung darf entgegen Paragraf 146, Absatz 17 des diktatorisch häuslichen Grundgesetzes auf dem Küchenfußboden ein Kissenlager errichtet werden.

So, die unförmigen Häufchen zerfließen, der Teig hebt sich langsam über den Rand der Förmchen, der kleine Berg reißt da und dort auf und gibt verheißungsvoll sein Inneres der Hitze preis. Die jetzt pilzig kugelige Oberfläche bekommt Farbe. Jajajajaja! Es riecht herrlich!

Jetzt aufpassen, denn zwischen leichter Bräune und Bröselig liegt vielleicht eine und eine halbe Minute.

Dieser Dunst hat etwas sehr spezielles, wenn er um kurz nach sechs am Morgen durch die Wohnung schwappt. Was ich mal vor langer, langer Zeit war und – nein, wirklich nicht aus freiem Willen – mit Kindern wieder geworden bin: Ein Frühaufsteher. Einer der Gründe dafür sind frische Muffins. Wenn man die seinen Kindern in die Schule mitgeben will, dann müssen die nämlich frisch sein, sprich höchstens etwas um eine Stunde vor dem Gong aus dem Ofen kommen.

Ganz oder gar nicht

Was die Vanille angeht: Als krümeliges Pulver kostet die im Reformhaus echt Geld. Wenn man mengentechnisch das Resultat anschaut, ist selber aus der Schote geschabt auch nicht besser. Wie auch immer, diese Vanille schmeckt echt gut im Teig. Wirklich unabdingbar nötig ist sie aber nicht. Geschmacklich eine müde Geschichte ist dieser Vanillinzucker. Meine Position wäre hier echt oder nix.

Das ist so eine Sache, die einem öfter begegnet beim Kochen. Irgendeine Zutat ist nicht da, zu teuer, allergietechnisch, religiös oder sonst wie nicht angebracht. Viele – nicht alle – Probleme in dieser Richtung sind gar nicht problematisch. Oft ist da Weglassen besser als irgendein Ersatz.

Muffins, das ist Standardware im Klassenzimmer, sei es zur allgemeinen Teilhabe am Geburtstag, oder als Sühne für Stuhlumfall nach übermäßigem Gekippel. Oder einfach, weil man ein lieber Kindererzieher ist, der auch an die Klassenkameraden seiner Schützlinge denkt.

Muffins sind da recht gnädig, weil sie nicht gar so lange Zeit im Ofen brauchen. Trotzdem ein titanischer Liebesbeweis in meinen Augen, wenn ich abends den Wecker vorstelle. Aber dann denke ich manchmal zurück, an eine ferne Zeit, als ich selber noch ein Kind war. Ja, grummelgrummel, schon gut, das ist lange her. Aber ihr werdet auch nicht jünger. Also damals, da gab es Tage, da wachte ich um sechs auf und hatte Bratenduft in der Nase. Und dann lag da meistens noch eine scharfe Note frisch geschnittener Zwiebel in der Luft. Das, das waren dann gute Tage, grandiose Tage. Das waren die Tage, wo meine Mama unmenschlich früh aufgestanden war, um Braten und Kartoffelsalat für das

Picknick zu haben. Dieser Duft zur Unzeit verhieß einen Tag Wellenbad mit Cousins und Cousinen, oder ein Mittagsmahl auf dem Berggipfel, oder eine Gummibootexpedition, oderoderoder, auf jeden Fall war das ein Versprechen auf eine echt klasse Angelegenheit.

Solche Erinnerungen, die sich an Gerüche binden, sind starke Erinnerungen. Von so etwas zehrt man lange und immer wieder. Das ist es mir dann auch heute wert, dass ich es bin, der früh aufsteht.

Hier sei noch ein Hochlied auf das Picknick im Allgemeinen geträllert. Ja, das muss man vorbereiten. Früh vorbereiten. Aber vielleicht übernimmt ja die Frau das Lenkrad bei der Anreise an den See. Wir knacken noch ein paar Minuten im Auto, bevor wir an der Doppelhubpumpe stehen und die Gummiflotte klar zum Gefecht machen. Und wenn die Sonne mittags vom Himmel brennt und die Kinder blau gefrorene Lippen haben, weil die nur wegen so ein bisschen Kälte partout nicht aus dem Wasser wollten, dann wird ausgepackt. Jau! Hunger!

Eine Decke im Gras, die Kinder eingewickelt in ein Handtuch und dann die Deckel von den Dosen. Ein Plastikteller mit guter Eigenproduktion in der Hand ist gelebte Familie. Da können die Pommes vom Kiosk einfach nicht mithalten. Und billiger – auch wenn man um fünf, als es noch nicht wirklich hell war, ein fettes Luxusteil Braten ins Rohr geschoben hat – ist das dann auch noch.

Zurück in die Küche und zu unseren Muffins. Alles in Deckung! Aufmachen und mit langen Stäbchen oder schnellen Fingern einen Teigpfropfen herausheben. Wenn der unten auch bräunlich marmoriert durch das vom Teig selbst gefettete Papier glänzt, haben wir es richtig erwischt. Raus mit der ganzen Ladung: Aus dem Ofen und aus dem Blech. Auf einem Gitter dürfen die Freunde noch ein bisschen Hitze abdampfen, während die Kaffeemaschine faucht, Demigott und Wonneborn unseres Hausmannlebens.

Warmer Backpulverteig gibt Bauchweh? Habe ich noch nicht erlebt. Aber in der Feuchte der Kirschen speichert sich die Hitze. Hier eine kleine Warnung hilft wider das Drama einer verbrannten Zunge. Und wenn nicht, dann hat ein junger Geist gelernt, dass man nicht per se alles in den Wind schlagen sollte, was einer dieser besserwisslerischen Erwachsenen so über den Tag ablässt.

VON LIEBEN LEUTEN ÜBERFALLEN, VON WAFFELN GERETTET

Fast wie Pfannkuchen

Das macht den Teig
4 Eier
250g Mehl
125g Butter
200g Milch
50g Zucker
½ Päckchen Backpulver

Alles in die Schüssel wiegen. Dabei Butter in kleine Schnitze. Als letztes das Backpulver. Rühren. Waffeleisen an und los.

Ein Waffeleisen ist ein feines Ding. Nimmt ein bisschen Platz weg im Schrank, aber irgendein Eck findet sich. Das lohnt spätestens dann, wenn jemand Liebes an der Tür seht und man sich denkt, wenn der jetzt da bleibt, dann habe ich heute Abend bei der Frau eine gute Ausrede für die Nichtstaubsaugung des Wohnzimmers. Ja, sozialer Schmus ist wichtig für die Kleinen und auch für jemanden dessen Arbeitsplatz doch recht überschaubar in seiner Größe ist.

Mit einem in Aussicht gestellten Teller Waffeln kriegt man an der Haustür so manchen rum. Und ein paar Takte Kommunikation in der Küche bei ein paar Handgriffen und Butterdampf, das hat was Gemütliches. Besonders, da man bei Waffeln immer warten muss, bis die aktuelle Ladung raus und der nächste Schöpfer Teig rein in das schmauchige Maschinchen geht.

Kann man schon mal die erste Tasse Kaffee eingießen, angelehnt an die Küchenablage einen ersten Schluck genießen. Es ist einen Moment ruhig, weil die Kinder längst ihr eigenes Ding drehen. Die wissen ja, dass es noch eine kleine Weile dauert. Der Besuch studiert unsere Kochbuchsammlung im Regal und wir schauen erstmals, ob da schon was ein bisschen golden bräunt zwischen den Platten. Am Fenster läuft der Nieselregen runter, der uns schon seit gut einer Woche den Spielplatz vermiest.

Lustig mit Kindern ist, dass man immer ein Thema hat, das über den Urlaubs-Angeber-Small-Talk hinausgeht. *Sag mal, warst du eigentlich bei der letzten Elternbeiratssitzung...* Solche absichtslosen Gespräche können kostbare Information enthalten. Zum Beispiel auch, wie man die deftige Brühe heute Abend klar bekommt. Aber kostbar sind die vor allem, weil man mal von Gleich zu Gleich und nicht mit erziehungsbedürftigem Nachwuchs hinunter in Bauchnabelhöhe redet. Man hat Kinder, man hat viel gemeinsam. Das hilft vor allem uns Männern, unter denen diese Art der Kommunikation – nach meiner Erfahrung exakt gemäß dem Klischee und dafür eine Entschuldigung an die weibliche Leserschaft – einfach nicht so drinsteckt.

Die Leute daheim ratschen, schwätzen, klönen, schnacken und wasnichtalles. Wie fest verankert diese Art der Mitteilung, des Austauschs mit anderen einmal war, hat sich fest eingewoben in unsere Sprache. Und das hat einen guten Grund: Ist wichtig. Vielleicht nicht angesehen in einer terminlich optimierten Industriemaschine, aber das kennen wir als Hausmänner ja schon von anderen Zusammenhängen. Wir sind raus aus dieser Maschine, also kann uns das ein Stück weit egal sein. Unseren Aktienkurs bestimmt nicht eine seelen- und gesichtslose Kosten-Nutzen-Rechnung. Wir sind tatkräftige Papas. Das ist auch was. Fragt mal eure Kinder. Oder unterhaltet euch mit Leuten, die diese Erfahrung teilen. Zum Beispiel während man Teig aus der Schüssel gießt, halbfertige Waffeln wendet oder Puderzucker rieselt.

Waffeln sind einfach gut. Es existieren wahnsinnig viele, komplizierte Rezepte rund ums Waffeleisen. Aber die einfache Geschichte findet sich seltsamerweise selten. Vielleicht weil die irgendwie zu schlicht ist. Hier sehen wir schlicht als schlicht gut.

Einfach alles in die Schüssel und umrühren. Mehl kann man dabei sieben, muss aber nicht unbedingt sein. Die Butter in Schnitze geriebelt und nicht am Block, sonst wird das schwer mit rühren. Und immer als letztes den Teelöffel Backpulver rein.

Derweil heizt schon das angesteckte Eisen hoch. Diese Teile Made in China sagen einem in der Regel per Lichtlein, wann man rein tun darf und wann es fertig ist. Wenn die Blödsinn erzählen, dann halt noch ein bisschen länger drin lassen, bis die Farbe genehm ist. Irgendwelches trennendes Fett oder Öl ist mit dem Rezept hier auch nicht nötig, weil sich der Teig selber buttert.

Falsch machen kann man eigentlich nichts. Bis auf die Kleinigkeit mit der richtigen Menge Teig für die jeweilige Beschickung. Ehrlich gesagt, ich mache die Dinger schnell und, wie erwähnt, in der Regel nebenbei. Dabei backt mir eigentlich immer irgendwann was heraus. Diese kleine Schweinerei gehört bei mir dazu. Das ist so wie mit der Katze und der Katzenklappe. Hat sich das Tierchen bei den ersten Malen auf dem Weg zum Fressnapf da den Schädel angeschlagen, dann glaubt es, diese Schmerzensangelegenheit muss einfach sein für Fressen. Und die arme Katze wird es ihr Leben lang tun. Bong. Nicht wirklich ein Zeichen von Intelligenz. Gelernt habe ich aber auch. Ich stelle das Eisen jetzt immer gleich auf das Ablaufteil der Spüle.

Unser fertiges Werk kann man jetzt frisch aus der Waffelautomatik in vorbeistromernde Kinder stopfen und sich seinen Anteil durch ebenfalls sofortigen Verzehr sichern. Man kann Waffeln aber auch auf ein Teller fächern und Puderzucker drüber machen. So am Tisch ist das zivilisierter. Und *Am Tisch* finde ich persönlich eine schöne Sache. Da wird Essen gewürdigt. Und die Kinder haben ganz nebenbei Zeit, auch mal was dazu zu trinken. Darüber hinaus gibt es noch etwas Subtiles. *Am Tisch*, da hat man Zeit, miteinander zu reden. Etwas, familiär oder in der lustigen Gesellschaft des Nachmittags, zu teilen. Es ist wirklich erstaunlich, wenn man sich heute den normalen Alltag einer, auch meiner Familie so anschaut: Diese Gelegenheiten, wirklich zusammen zu sein, die gibt es gar nicht so oft. Jede einzelne davon ist kostbar.

KARAMELLIGES POPCORN VON UNTER DEM PFANNENDECKEL

Für die Netfllix-Session einfach unverzichtbar

Körner
eine Handvoll Popcornmais
2 Esslöffel Zucker
Öl

Öl in die Pfanne, einkorndicke Schicht Mais in die Pfanne. Deckel. Wenn fertig gepoppt, dann Mais raus, Zucker in heißer Pfanne aufschmelzen und Popcorn wieder rein. Mit Wender wenden. Kurz abkühlen lassen.

Es gibt Tage, da braucht man einen Stimmungsaufheller. Oder es steht am Sonntagnachmittag Heimkino an. Sowas geht dann gar nicht ohne. Oder man macht sich mit einem Schlag einen Haufen Freunde im Freibad. Mit einer Schüssel Popcorn wird die Decke auf der Liegewiese schnell ein übervölkertes Eiland. Oderoderoder. Popcorn ist im Handumdrehen gemacht, etwas, wo man es in der Hand hat, wie viel Zucker drin steckt, in einer sauberen Plastiktüte ein handliches Geknabber, das nicht gleich das Abendessen zerschießt. Etwas, das nun wirklich jeder gerne isst, der nicht Oma ist und gerade ein schlecht sitzendes Gebiss hat. Und dergestalt ist Popcorn einfach praktisch.
Ausnahmsweise einmal kein Olivenöl. Irgendwas anderes in die Pfanne. Auch kein verbrennungsgefärdeter Butter. Ja, ein Auge tränt mir da jetzt schon. Also wir nehmen Öl. Platte an auf heftig und eine Schicht Popcornmais rein. Eine Schicht Körner! Mehr ist lustig. Das hebt den Deckel. Das Quillt. Zauberlehrling-Effekt. Aber das hält auf, wenn man hinterher aus allen Ecken und Winkeln der Küche Krümel klauben muss. Eine Schicht.
So und jetzt Deckel drauf und warten. Popp! Popp! Popppopp! Popppopppopppoppdipoppedipopp! Das ist auch für große Köche lustig. Und

wenn man da den Deckel dann ein klitzekleines Bisschen… Ha, alle jagen die Entkommenen, die standrechtlich aufgegessen werden. So, und jetzt geht das schon ein bisschen langsamer, unmotiviert. Alles gepoppt? Deckel auf und AH! Alles staunt, was da aus der mickrig dünnen Schicht harter Körner geworden ist. Glasdeckel sind allgemein praktisch. Mag ich. Aber in diesem Fall killen sie das Event.

Die jetzt fast fertigen Popcorn kommen raus in eine Schüssel. In die leere, knackheiße Pfanne auf der Platte streuen wir schnell zwei Esslöffel Zucker. Jetzt aufpassen, das darf nicht verbrennen und das verbrennt binnen Sekunden. Sobald die Zuckerkristalle flüssig werden, zu Tropfen zusammenlaufen, schwungvoll die Schüssel Popcorn wieder in die Pfanne. Die Pfanne von der Platte runter und schnell per Schieber mischen. Bloß nicht mit den Händen! Geschmolzener Zucker gibt böse Brandblasen. Dann alles wieder in die Schüssel zu einem Moment des Auskühlens. Derweil die Pfanne in der Spüle mit Wasser fluten. So kann die da erst mal bleiben und einweichen. Wenn der Zucker nicht doch dummerweise angebrannt ist, dann löst sich das alles wunderbar im Wasser. Fertig.

Das hier ist wirklich nicht nur was für Kinder. Wer diese wunderbar karamellige Geschichte einmal probiert hat, der wird sie vermissen, wenn er die Frau eines schönen kinderfreien Kinoabends in den Neuesten mit Jonny Depp ausführt und da die handelsübliche Ware aus der Maschine kaufen muss.

So ein seltener, zweisamer Kinoabend, das gehört für mich zu den ganz großen Freuden eines erziehenden Papas. Da denkt man dann schnell mal darüber nach, warum man sich eigentlich sonst immer mit Kindern plagen muss. Muss das wirklich sein? Andere machen das doch auch nicht. *Du Heimchen am Herd.* Nein, das ist heute nicht mehr nötig. Es ist so, dass man da gerade was anachronistisches, rückständiges am Dampfen hat. *Herdprämiennutzer, du.* Mit Hort geht das doch richtig prima. Muss man auch nicht so viel kochen. Wer heute die Nation voranbringen will, der geht arbeiten und überlässt das mit den Kindern den Fachleuten.

Hab ich was vergessen? Bestimmt gibt es noch viele Spielarten, wie einem dieser Standpunkt begegnet. Und mal ehrlich, wer denkt sich etwas in der Art nicht auch ab und zu selbst, wenn er – abhängig, abgehängt vom wirklichen Leben – in der Küche steht?

Um was es da geht, ist nichts Geringeres, als eine gesellschaftlich getragene Grundüberzeugung, die sich gerade deftig wandelt. Weg von der fürsorglichen, beschränkten Mama daheim und hin zu tatkräftigen, erfolgreichen Eltern in Vollzeit.

Ja, die Leute werden hierzulande weniger und damit auch die Menschen, die unsere Fließbänder und Produktionsstraßen am Laufen halten. Das ist kein kleines Problem. Das Gemeinwohl hängt zentral am wirtschaftlichen Erfolg. Und natürlich muss darauf eine Antwort gefunden werden. Die Sau, die durch die Gassen getrieben wird, quiekt: *Alle müssen ran!* Wer sich dem widersetzt, wird ausgebuht. Das wären dann wohl mal wir, würde ich sagen. Wir, die wir unsere Chance nutzen, den Kindern was zu kochen. Die sie selber in den Arm nehmen, wenn die sich das Knie aufgeschlagen haben. Wir, die unseren Kindern was vorlesen und mit denen einen Nachmittag im Bad hocken. Wir, die es nicht nutzen, dass man seine Kinder schon mit Windeln am Popo in den Kindergarten geben kann und dass die nach der Schule bis um fünf beaufsichtigt werden, wenn man nur will.

Ich habe keine Antwort auf das Monster Demographie. Ich würde mich auch hüten, jemanden zu bekritteln, der mit Kindern berufstätig ist – egal, ob er muss oder will. Das liegt mir fern. Aber hier möchte ich auch mal Position beziehen: Das, was Mama daheim und eben auch diese exotische Spezies erziehender Papa leisten, das machen die nicht, weil sie sich vor dem Leben drücken wollen. Wenn man seinen Job ernst nimmt, und das sollte man, denke ich, tun, egal wo man sich engagiert, dann ist auch das wertvoll.

Vielleicht tut es dem Erziehungsgeschäft gut, dass die, die nicht wollen, nicht müssen. Das ändert aber nichts an der Umkehrung: Die, die es wollen, müssen es tun dürfen. Soviel Freiheit muss sein.

Es wäre verlogen, wenn ich hier stehen bleiben würde. Ja, ich persönlich denke, dass es wichtig ist, dass für Kinder jemand da ist, wenn die aus der Schule kommen. Ich persönlich denke auch, dass es besser ist, wenn das Verhältnis Bestimmer/Kind eins zu zwei und nicht eins zu zwanzig ist. Dazu stehe ich und wenn das schon ein Luxus ist, dann denke ich persönlich, dass da etwas sehr

Grundlegendes in die falsche Richtung läuft. Toll, dass es Möglichkeiten gibt, Beruf und Kind zu bewältigen. Das hat viel zu lange gefehlt. Aber wer mich damit zwingen will, dem erzähle ich was.

Vielleicht bin ich ein Schwarzseher, aber ich sehe die Freiheit in Sachen Kindererziehung durchaus in Gefahr. Da werden finanzielle Zwänge aufgebaut, da bilden sich seltsame Leitbilder heraus. Das gefällt mir nicht. Das bekommt auch denen nicht, für die wir an erster Stelle Verantwortung tragen. Die müssen nämlich einmal in der Welt leben, die wir gerade formen.

LIEBE AUF GLÄSER GEZOGEN: MARMELADE

Selber ist besser

Jeder weiß es
500g-Päckchen 1:2 Gelierzucker
1 kg zum Beispiel Erdbeeren

Erdbeeren waschen, Grünkram abschneiden und in kleine Stücke schneiden. Zusammen mit dem Gelierzucker in den Topf. Aufkochen, nach Kochpunkt entsprechend lange, gemäß der Angabe auf dem Zuckerpäckchen. Abfüllen. Deckel zudrehen, Glas umdrehen, auf Deckel auf ein Geschirrhandtuch zum Abkühlen.

Höret und staunet: Man kann sonnengetränkte Liebe in Schraubgläser packen. Das ist eine ehrbare Wissenschaft. Das ist die Kunst, Marmelade einzukochen. Und wenn man es richtig anstellt, dann ist das auch keine Schinderei.

Es gibt inzwischen wunderbares Material, was den Einmachzucker angeht. Da hat sich echt was bewegt in den Jahren seit Omas Geniekunst. Damit kommt heute jeder klar. Mit 1:2-Zucker wird das wunderbar süß und fruchtig. Der Rest ist ein bisschen Arbeit, aber keine Zauberei. Man muss nur ein solches Päckchen und die gewaschenen und geschnipselten Früchte zusammen in einen Topf kochen, abfüllen und fertig.

Das Geheimnis ist die eingekaufte oder gesammelte Menge der Früchte. Wer auf dem Erdbeerfeld übertreibt und dann – wenn die Kinder endlich im Bett liegen – vor fünf Kilo Rohware steht, der wird bis spät in die Nacht beschäftigt sein. Vor allem, wenn niemand da ist, der einem hilft, den Berg auf der Spüle abzuarbeiten. Aber wenn man schnell mal einen Topf aufsetzt und drei Gläser Marmelade einkocht, dann geht das zwischendurch. Ein Dreiviertelstündchen und zwei Kilo Marmelade sind im Glas. Das reicht erst mal eine Weile.

Und auch Marmelade wird alt. Nach einem halben Jahr schmeckt die anders. Kann man klaro noch essen, auch nach zwei Jahren noch (wenn man sauber gearbeitet hat). Aber Frische ist bei Marmelade wie überall ein Plus. Also lieber kleine Mengen und Abwechslung. Das Konservieren steht heutzutage nicht mehr im Vordergrund der Geschichte. Einkochbares Fruchtzeug gibt es schließlich das ganze Jahr über. Erdbeeren, Kirschen, Zwetschgen (Mus! Rührmeditation.), Äpfel, Ananas, Mango, Orangen ... Bei Marmelade geht es heute um was Gutes auf dem Frühstücksbrot. Es geht um die Seele eines Pfannkuchens. Letzteres ist auch die Lösung, wenn man es doch geschafft hat, das Gelieren zu versauen und die Geschichte im Erkalten trotzig einen Hang zu flüssig beibehält.

Wir beginnen mit niederer Arbeit: Gläser spülen. Dann Früchtchen waschen und klein hacken. Das Maß im Auge behalten: Ob Gewaltaktion oder Peu a peu, die Grundeinheit ist der Gelierzucker. Ein Päckchen sind 500 Gramm. Also bei 1:2 ein Kilo Obst oder ein entsprechendes Vielfaches davon. Exakt arbeiten.

Zucker und Obst finden im Topf auf der Herdplatte zueinander. Das knirscht anfangs, wenn man den Löffel durchzieht. Aber so langsam suppt der Saft in den Zucker und löst ihn. Benebelnde Aromen wecken Vorfreude auf das morgige Frühstück. Immer schön rühren.

Kochen, drei, vier, wasauchimmer

Sinnvolle Sammlung

Woher die Gläser für unsere Marmelade kommen, das ist nicht so wichtig. Und wenn Gebrauchsglas im noblen Haushaltswarenladen leer teurer ist, als das gleiche Teil gefüllt im Supermarkt, dann stimmt da was nicht. Also: Sowas will gesammelt werden. Ein 350-Gramm-einst-ein-Apfelmusglas ist meine Standardware. Und die Kinder mögen den Originalinhalt zu Kaiserschmarrn.

Minuten, wie es auf dem putzigen kleinen Zuckerpäckchen steht. Diese Zeit bemisst sich immer ab dem Kochpunkt. Wer es noch nicht gemacht hat, keine Angst. Den übersieht man nicht: Immer rühren, rühren, rühren. Es fängt an zu blubbern, rühren, und, jawollja, es kippt in schäumendes Inferno. Das ist der Kochpunkt. Eventuell jetzt etwas runter schalten, wenn es spritzt. Aber es muss weiter schäumend kochen. So, den Timer am Handgelenk oder die Eieruhr gedrückt. Und immer hübsch rühren. Nachdem es piepst, wird der Topf von der Platte genommen. Marmelade.

Die Gläser. Haben wir schon vorbereitet. Das heißt, die stehen jetzt sauberst gespült und abgetrocknet neben dem Herd. Auch die Blechdeckel sind sauber. Nicht schlampen. Das muss alles wirklich sauber sein. Sauber ist hier wichtig. Wenn da Dreck dran ist, dann schimmelt hinterher die Marmelade. So, jetzt schnell rein ins Glas mit der Marmelade. Deckel drauf, zugeschraubt und auf den Deckel gestürzt auf ein Handtuch gestellt zum Abkühlen. Der Rest auf dem Topfboden, der kein Glas mehr füllt, das ist unsere Gelier- und Probierprobe, die nach etwas Kühlung verkostet wird. Ja, Freunde, das war es. Hier gibt es noch eine Kleinigkeit, die man braucht. Einen Marmelade-Einfülltrichter. Sehr praktisch. Muss man keine heißen Gläser sauber wischen, an denen ohne technische Hilfe gerne mal was über den Rand kleckert. Jeder denkt bei dem zentralen Utensil eines Küchenchefs an einen Kochlöffel. Ich nicht. Der Inbegriff für einen Koch daheim, das Insignium einer guten Familienküche – für mich ist es diese kleine Kostbarkeit eines blechernen Trichterleins mit breiter Füllöffnung und hilfreichem Henkel. Wer so ein Werkzeug gebraucht, der hat es als Hausmann in meinen Augen geschafft.

Treibgut im Gefrierschrank

Es ist so etwas wie ein Naturgesetz beim Marmeladebrauen, dass die Menge von Obst nie mit den 500g-Päckchen zusammengeht. Hier muss aber exakt gearbeitet werden, sonst wird das nichts. Da hat man dann die Wahl, ob eine angebrochene Zuckerladung für die Ameisen in den Schrank wandert oder ob man etwas mit der Handvoll gewaschenes und geschnittenes Obst anstellt. Ich plädiere für Obst. Und was macht man damit? Einfach einfrieren. Kleine Tüte und gut. Das Teil bleibt nicht lange im Gefrierfach, jede Wette. Das kommt auf den Griesbrei, in die Muffins, jawasnichtalles. Es gibt da echt viel, für was so ein kleines Tütchen Anlass geben kann. Man kann sogar so eine gefrorene, glänzend rote Johannisbeere, wenn man ihr beim Kontrollbesuch im Keller begegnet, einfach so in den Mund stecken. Darum mag ich diese kleinen Plastikschnappverschlüsse für Tüten richtig gerne. Die gehen schnell auf und wieder zu.

MENGEN KURZ UND KNAPP

Nudeln mit Tomatensoße
- Nudeln
- eine Zwiebel
- Dose Tomaten
- Döschen Tomatenextrakt (gleiche Menge aus der Tube)
- halber Brühwürfel
- Paprika mild

Pfannkuchen
- 4 Eier
- 150g Mehl
- 250g Milch
- Butter (für die Pfanne)

Suppe
Brühe
- 1½ l Wasser
- 400g Rinderbug oder Beinscheibe
- Zwiebel
- 2 Lorbeerblätter

Zupfnudeln
- 300g Mehl
- 150g Wasser
- Salz

Omelett:
- 3 Eier
- Frühlingszwiebel
- Salz und Pfeffer

Reis, Gemüse, ein Spiegelei und Ketchup
- Reis
- 3 Eier
- eine Zwiebel
- eine kleine Zucchini
- drei Karotten
- Salz
- Ketchup

Pizza
- Pizzateig:
- 400g Mehl
- ½ Würfel Hefe
- 3 Esslöffel Olivenöl
- ¼ l Wasser
- Salz
- Belag:
- Was spricht der Kühlschrank, Tomaten und Käse.

Braten
- 1 ½ kg Schweinehals
- ½ l Wasser+Würfel oder Brühe
- eine Zwiebel
- drei Brocken Knollensellerie
- eine Karotte
- 2 Lorbeerblätter
- 1 Teelöffel Stärke
- Olivenöl
- Senf
- Rosenpaprika, Salz und Pfeffer
- 12er-Karton Pfanniknödel halb und halb

Fleischküchlein
- 400g Rinderhack
- 2 Eier
- eine kleine Zwiebel
- 200g Zucchini
- 100g Semmelbrösel / altes Brot
- Sesamöl
- Olivenöl

Squiddlydiddly Pfannkuchen
- 150g Tintenfisch (mindestens)
- 300g Zucchini
- eine Zwiebel
- ein Ei
- 200g Mehl
- 300g Wasser
- ½ Teelöffel Salz
- ein Teelöffel Hondashi
- Olivenöl
- Balsamico Essig
- Sojasoße

Eintopf
- Eine Beinscheibe, oder 400g Bug
- 250g Zwiebel
- 600g Kartoffel
- 350g Karotte
- ½ l Wasser
- 1 halber Brühwürfel
- 2 Blätter Lorbeer
- Potentielle Erweiterung möglich mit Lauch, Sellerie, Paprika, Tomaten, Wurzelzeug

Hüftgold
- 4 Eier
- 400g Mehl
- 200g Wasser
- 150g Emmentaler
- 100g Appenzeller

Krautkrapfen
- 800g Sauerkraut (große Dose)
- 300g Dörrfleisch
- eine Zwiebel
- ein Apfel
- 4 Eier
- 400g Mehl
- Olivenöl
- 2 Blätter Lorbeer

Schupfnudeln mit Sauerkraut und Bratwürste
- Schweinsbratwürste (pro Nase eine, für die große zwei lange)
- 800g Sauerkraut (große Dose)
- 300g Dörrfleisch
- eine Zwiebel
- ein Apfel
- 2 Lorbeerblätter
- 400g Mehl
- 250g Wasser
- Olivenöl

Schnitzel und Püree
Fleisch
- 500g Schweinehals
- Olivenöl
- für Dipp zu natur: Salz und Sesamöl
- für mariniert: Senf, Paprika, Salz, Cenofix

Püree
- 400g Kartoffel (mehlig)
- 30g Butter
- 100g Milch
- Salz

Geschnetzeltes
- 300g Nudeln
- 400g Schweinehals
- eine Zwiebel
- ein Becher Crème fraîche
- Olivenöl
- ½ Brühwürfel
- Rosenpaprika
- ein Teelöffel Stärke
- eventuell ein paar Cocktail-Tomaten

Kaiserschmarrn
- 4 Eier
- 200g Mehl
- 250g Milch
- 50g Butter
- Puderzucker
- Apfelmus

Grießbrei
- 300g Milch
- 30g Weichweizengrieß
- ein Ei
- ein Schnitz Butter
- ein Esslöffel Zucker
- sechs Kirschen (zum Beispiel)
- (alles das pro Esser)

Apfelstrudel
- 4 Eier
- 400g Mehl
- 3 Esslöffel Olivenöl
- 1250g Äpfel
- 100g Butter
- 200g Zucker
- eine Limette (pro Kilo Apfel)
- **Zopf**
- 500g Mehl
- 200g Milch
- 2 Eier
- 50g Butter
- 40g Zucker
- ½ Würfel Hefe
- 2 Esslöffel Puderzucker
- Limette

Muffin
- Teig für zwölf (für 18):
- 200 (300)g Mehl
- 100 (150)g Zucker
- 100 (150)g zerlaufene Butter
- 2 (3) Eier
- 200 (300)g Joghurt
- 1 (1 ½) Teelöffel Backpulver
- eventuell echte Vanille
- Obst (Kirschen aus dem Glas)

- **Waffeln**
- 4 Eier
- 250g Mehl
- 125g Butter
- 200g Milch
- 50g Zucker
- ½ Päckchen Backpulver

KASPERL KOMMT ZUM KINDERGEBURTSTAG:

Eine Spielvorlage für Kasperl und seine Freunde. Für das Stück ist nicht viel nötig: die Handpuppen (Kasperl, Seppel, Gretel, Fee), zwei Handvoll stabile Puppenhauseinrichtung und aus Karton gebastelt eine Hacke und eine Torte. Gespielt wird, wenn es kein Theater im Haus gibt, über einen behängten Besenstiel, die Tischkante oder eine auf Klinkenhöhe gespannte Verrammelung im Türrahmen.
Bisschen üben, wenn die Kinder aus dem Haus sind. Am Vorabend der lieben Frau eine Generalprobe geben.

Kuchen suchen

Kasperl *begrüßt Kinder*

***Kasperl**: „Geh zur Fee zum Kartoffel setzen. Fee kann zaubern, aber nicht bei Kartoffeln. Hat gesagt: „Der natur muss man ihren Lauf lassen" Seppel und Gretel kommen auch. Eilig ab.*

Fee *zaubert Kuchen und Apfelsaftschorle. „Kuchen warm und Saft schön kalt, auf meinem Tisch nimm' an Gestalt." Geht ins Haus aufräumen. Müde, schläft ein (schnarcht)*

Seppel *kommt zu früh. „Wo sind die denn alle?" Schnarchende Fee. Kuchen! Könnte man ja essen... Nein. Schnarchende Fee. Ahh, zu früh. Kuchen aufpassen. In Sicherheit bringen im Schuppen. Ab.*

Kasperl *und* ***Gretel*** *kommen zur Fee. Wo der Seppel nur ist? Fauler Kerl! Fangen schon mal an. Brauchen noch eine Hacke. Gretel holt Hacke, ab.*

Seppel *kommt zu* ***Kasperl**. K: „Wo warst jetzt du?" S: „Also..." Zu früh dran gewesen aber Kuchen gefunden. Kuchen in Sicherheit gebracht – im Schuppen, kühl und sicher. Kasperl erstaunt: solide Leistung. „Jetzt wird aber gearbeitet, weil so ein oberfeeischer Kuchen, der will erst einmal verdient werden." Beide ab.*

Gretel geht zum Schuppen und sucht Hacke. Findet Kuchen. Bringt ihn in den Kühlschrank. Nimmt Hacke. Ab zu Kasperl.

Kasperl da. *Gretel* kommt. G: „Ja wo ist denn jetzt der faule Seppel?" K: „Faul? Schau da, wie der arbeitet." Fast schon fertig. G: „Geh noch einen Strauß Blumen pflücken." Gretel ab.

Seppel kommt zum *Kasperl*. Seppel geschafft und fertig: „Hast du noch eine Kartoffel?" Nichts mehr da. Arbeit fertig. K: „Jetzt wird der Tisch gedeckt." Beide ab.

Kasperl und *Seppel* decken den Tisch. Jetzt das Wichtigste. Jetzt wird der Kuchen geholt. S: „Ja, wo hab ich jetzt den Kuchen hin... Ah, im Schuppen – glaub' ich. Gehen hin, ab.

Off Kasperl und Seppel: Kuchen nicht da! Suchen Kuchen im ganzen Haus und, Furioso, alles fliegt aus dem Theater.

Fee wacht auf und kommt runter. *Seppel* auf und erzählt: Kuchen nicht im Schuppen. Nicht im Keller, nicht im Bad, nicht im Schlafzimmer, nicht im Nirgends. Räuber! Seppel hastig ab, weiter suchen im Dachboden...

Fee verzweifelt. *Gretel* kommt: Was ist los? Kuchen weg – und die suchen. Aber ich hab den doch in den Kühlschrank. Pause. F: „In den Kühlschrank. Komm, wir gehen jetzt finden – den Kuchen und die Zwei."

Seppel zum Epilog: Ja und dann haben die zwei Frauen alles, alles gefunden und dann hat die Fee gesagt, dass wir die Sucherunordnung in eine Ordnung zurück umwandeln sollen und dass es erst dann einen Kuchen gibt. Gell, ihr helft uns jetzt aber auch mit dem Ordnung machen, bevor ihr Kuchen esst.

vielleicht hilfreich

HAUSMÄNNISCHER SELBSTVERTEIDIGUNGSSCHNELLKURS

Hey, das find ich gut. Ganz toll. Hübsch mutig. Ich weiß nicht, ob ich das könnte. Die spontane Reaktion all derer, die etwas zum Thema zu uns zu sagen haben, ist durchweg positiv. Der Rest schweigt. Man kann als Hausmann auch über einen Krabbelgruppen-Nachmittag froh sein, an dem die restlichen – durch die Bank weiblichen – Anwesenden nicht über Menstruationsstörungen fachsimpeln. Ja, man wird bescheiden.

Es gibt wenig Ruhm und Anerkennung zu ernten. Hausfrauen haben immer noch den Vorteil einer Tradition. Sind vertraut, wenn auch nicht wirklich modern. Männer daheim sind erst mal exotisch. Nicht die Sorte Exoten, die man sich als Vorbild für seinen Sohnemann wünscht. Wirklich nicht. In der öffentlichen Wertedebatte sind wir zweimal gekniffen. Daheim und daheim als Mann.

Es gibt eine elegante und schlichte Methode, dem zu begegnen: Schweigen, aussitzen und froh darüber sein, dass die Kinder gerade schlafen, mit dem Nachbarbuben friedlich beschäftigt sind, furchtbar konzentriert am Maltisch ein Blatt in klitzekleine Fetzen schnippseln ... und überhaupt Zeit für so ein tief schürfendes Gespräch da ist. Wir nippen an unserem Glas Wein oder nehmen einen tiefen Schluck Kaffee und genießen diesen Zustand. Wir lächeln. Wir fragen, ob die Muffins munden. Selber gemacht.

Bei politisch Interessierten kann man auch mit dem Hammer der Demographie kurz geschwungen zuschlagen. Wer ist wurscht, aber für den Fortbestand der Nation, für die Einzahler unserer Rente, für die Facharbeiter von morgen muss gesorgt werden. Soziale Verantwortung. Hallo! Hausmänner sind nützlich. Wenn man sich da mit ein paar aktuellen Zahlen präpariert (Spiegel.de), dann kann man den Kontrahenten so einschüchtern, dass er ganz schnell auf die allgemeine Wirtschaftslage oder die Klimaerwärmung umschwenkt.

Bei dem Typ Ich-atme-OHM-durch-meine-Nelkenzigarette hilft es, den Weltverbesserer rauszukehren. Nein, beim Thema Menstruationsstörungen können wir leider nicht mithalten. Aber ist doch egal, Hauptsache, die Kinder haben jemand, der die Verantwortung übernimmt. Der sie liebt. Der ihnen die richtige Atmung beibringt, dass sie auch gute Menschen werden. Entschuldigung, dass ich ein Mann bin. Wandert da der Blick mitleidig unter unsere Gürtellinie, haben wir gewonnen. Zugegeben, diese Masche ist ein bisschen schamlos. Aber es funktioniert besser und öfter, als man meinen möchte.

Bei den Traditionalisten, meist die Mama-und-Papa-Generation, hilft es, sich zu bescheiden. Nur sehr, sehr wenige Männer, die ihre Kinder- und Kinder-Erziehungs-Zeit längst hinter sich haben, kann man auf unsere abenteuerliche Reise mitnehmen. Hat man so einen gefunden: hüte ihn als einen Schatz, wie das ein echter Freund eben ist. Mit dem Rest muss man irgendwie zurechtkommen. Das ist meistens nicht wirklich schwierig, denn Blasensteine und der letzte Autokauf interessieren diese Leute mehr als so ein sonderbarer Typ, der mit Dingen kämpft, die sie bereits abgeschlossen haben. Mit der Hausfrauenfraktion a.D. kann man dagegen gewinnbringend Rezepte austauschen. Und spätestens, wenn ein Geschirrtuch geschmeidig in der Hand liegt, hat man die Dame auf seiner Seite. Ein abschätziger Blick derselben auf den alten Herrn, der sich beim Thema Abwasch nach der aktuellen FAZ-Ausgabe umschaut, tut doch schon ein bisschen gut. Wir haben da was drauf: Teamwork abseits der Tradition-ist-gut-wenn-ich-mich-damit-drücken-kann-Nummer. Pragmatik hilft allen, nicht nur einem gegen andere.

Schwierig wird es bei den Wirtschaftsteillesern. Wie, du verdienst kein Geld? Was kostet eigentlich das Mittagessen in deiner Kita? Schwierig ist diese Kiste, weil der Kontrahent seine wahre Absicht verschleiert. Hier will jemand keine echte Diskussion. Hier will sich jemand nur selber in der Konfrontation bestätigen. Du bemitleidenswerter Windelwechsler, ich toller Weltbeweger. Hier sollte man sich ernsthaft überlegen, ob man solche Leute ein zweites Mal zum Abendessen einlädt. Ist die spontane Antwort auf diese Frage ein Nein, dann kann man diesem armen Würstchen ein paar süffisante Takte über Werte erzählen, die sich nicht in einer Zahl mit einem Euro-Zeichen dahinter messen lassen. Vielleicht hat man Glück und nach dem spontanen Aufbruch der letztmalig Eingeladenen steht noch eine halbe Flasche Wein auf dem Tisch und die Frau ist nicht allzu sauer. Heißt die spontane Antwort auf die Frage bezüglich eines weiteren Abendessens Ja: Noch mal gut nachdenken. Oder aufs Klo gehen und darauf bauen, dass bis zur Wiederkehr ein anderes Thema stattfindet.

So und nach diesen Problemfällen gibt es da das weite Feld der Unentschiedenen. Sprich, der Leute, die sich über dieses Thema noch keinen klitzekleinen Gedanken gemacht haben, weil ihr Leben auch so schon anstrengend genug ist. Das sind fruchtbare Felder der missionarischen Tätigkeit, so man solche Absichten hat. Da kann man sich in jedem Fall prägend betätigen. Aber Vorsicht hier mit Selbstgefälligkeit. Wir haben unsere Karten längst auf den Tisch gelegt. Wenn man erst mal beim gemeinsamen Gläschen Wein sitzt und solche schweren Themen wälzt, dann ist es schon passiert. Dann haben die Leute schon gesehen, wie friedlich oder dramatisch der Hausmann seine Kinder ins Bett gesteckt hat.

EIN RECHTER ORT – DER BUCHSTÄNDER

Noch eine kleine Anmerkung, die einem jeden Autor am Herzen liegt und der in der Küche eine besondere Bedeutung zukommt: Haltet ein Buch in Ehren. Es ist der treue Begleiter eines jeden denkenden Menschen. Es hilft. Ist im besten Fall nützlich.

Ein Buch ist dabei ein schutzbedürftiges Ding. Das gilt besonders in der Küche. Hier gibt es vieles, das die Seiten verpappt und Text besudelt. Das hindert im Gebrauch und für gutes Geld erworbenes wird entwertet.

Die Lösung ist ein Buchständer. An der Wand oder im Winkel auf der Küchenplatte, das ist egal. Nur sollte er über Eigelbreste, Mehlstaub und Bratensaft erheben und dort sein, wo man schnell hingucken kann, wo man arbeitet.

So etwas gibt es zu kaufen oder man greift statt zum Kochlöffel eines sonnigen Vormittags zur Stichsäge. So etwas kann ein Schmuckstück werden. Der Buchständer in der Küche zeigt in jedem Fall Stil: Wir haben so etwas nötig, weil wir den Pizzateig selber anrühren.

Und dieses kleine Möbel ist hoffentlich ein Invest in die Zukunft. Neben diesem Buch finden darauf auch all die anderen kulinarischen Werke Platz, an denen ein Mensch in der Buchhandlung nicht vorbei kommt, der Kochen als Aufgabe begreift, an der er seine Freude hat.

Ein Buchständer, das ist der rechte Platz für dieses blättrige Wunderding, aus dem heraus phantastische Welten hefig quellen – oder der Pfannkuchenteig herausfließt für hungrige Kinder am Abend. Bevor es ins Bett geht und damit wieder ein Tag, ein wundervoller Absatz Leben jenseits papierener Seiten seinen Abschluss gefunden hat.

Der rechte Platz. Wie bei der Lektüre dieses Buches klar geworden sein dürfte, habe ich den meinen noch längst nicht gefunden. Ich beanspruche vorläufig eine ganz hübsche Ecke für mich, so zwischen Kindern, Küche und dem Rest. Das ist jetzt nicht für immer und definitiv. Das ist eher so ein Fleckchen Frieden auf Zeit, das mich – jep, das tut es – gerade ausfüllt, das ich jedem Wagemutigen wärmstens anempfehlen kann. Ein richtig aufregendes Kapitel im

Bestseller Leben. Papa Daheim, das ist etwas Wundervolles. Ein Abenteuer, Erfahrung heischend und mit viel pappigem Zuckerguss bekrönt.

Eins steht fest: Kinder, das kann auch für einen Mann ein rechter Ort sein. Bis die genug Hirn haben, selber durch die Welt zu gehen. Wenn die ihr Päckchen dann locker auf die Schulter laden und sagen: *Hey Alter Herr, das hat Spaß gemacht mit dir*, dann können wir uns ein bisschen auf die Schulter klopfen. Aber erst dann und dann nur kurz, denn dann wartet auch auf uns ein neuer Horizont. Ein neues Kapitel. Inhalt vielleicht schon angedacht, aber bis dahin ungeschrieben.

Ich bin – sagen wir jetzt mal glücklicherweise – noch lange nicht soweit mit meinen Kindern. Bis zu der Frage, ob ich mir auf die Schulter klopfen kann, da vergehen noch locker zehn Jahre, und ich hab das gar nicht eilig. Ich will das genießen, so gut ich kann. Ja, jede Stunde, die ich jemanden um mich habe, der einen braucht, der so sicher davon ausgeht, dass man da ist, dass es einem manchmal Angst macht.

So kann ich euch, meine lieben Leser, letztlich nicht sagen, wo es langgeht. Das war aber auch nie die Absicht. Vielleicht bin ich dem einen oder anderen ja ein paar Schritte voraus. Vielleicht ist das hier dann dem ein oder anderen nützlich, gerade eben und im Jetzt mit Kindern. Vielleicht auch dadurch, dass er sich etwas selber ausknobelt und dann ganz anderer Meinung ist. Hausmänner – und besonders kochende Hausmänner – sind schließlich freie Menschen. Vielleicht macht dieses Buch, auf die eine oder andere Weise, Lust auf ein Kapitel voller Abenteuer, wie nur das Leben (mit Kindern) selbst es bieten kann. Vielleicht tröstet es auch den ein oder anderen, in diesem Buch zu erfahren, dass er gar nicht so alleine in dieser hanebüchenen Hausmannmitkinnerskiste steckt, wie er gerade denkt. Und vielleicht hilft es auch dem ein oder anderen, seine Kinder sinnvoll satt zu bekommen. Dann hat dieses Buch einen guten Platz verdient. Dann baut einen Buchständer.

DIE ZEIT ZU SPRINGEN

So ein Hausmannleben das ist schön. Und es wird besser und besser mit der Zeit. Die letzte Windel ist längst vergessen. In Erinnerung geblieben: Die rituelle und keimvernichtende Verbrennung des Wickeltisches als Höhepunkt eines sommerlichen Grillabends. So langsam ist auch das Grundschulpillepalle in ernsthaftes Lernen umgeschlagen. Sogar ohne Hort sind die Kinder jetzt viele Stunden des Tages aus dem Haus. Und daheim machen die neuerdings für die Hausaufgabe die Türen hinter sich zu. Manchmal, später, kommt da der Papa angekrochen und fragt schüchtern, ob er mitdaddeln darf. Der ist dann auf dem Tablet aber längst nicht mehr fit genug, um dem Sohn beim gerade angesagten und immer gleichen Jump&Run würdig zu begegnen.

Die morgendliche Zeitungslektüre hat sich unmerklich vertieft und dauert schon mal ... länger eben. Immerhin haben wir die Spülmaschine vorher eingeräumt und eine Runde Wäsche in die Kreisung geschickt. Aber ja, so gebraucht wird der Hausmann nun einfach nichtmehr. So, wie das einst der Fall war. Schön. Oder?

Nein. Nicht schön. Ich habe da eine Starke Vermutung: Hier keimt der Kern dessen, dass Depression bis dato eine Frauenkrankheit ist. Während der Geldheimbringer Sinn und Bestätigung alltäglich erfährt, zerrinnt einem daheim die Daseinsberechtigung parallel mit dem Erfolg der Arbeit. Dass sich dieser Prozess über einen langen Zeitraum erstreckt, gibt dem Ganzen auch noch etwas Heimtückisches. Langsam, langsam werden die Tage grau.

Die Geschichte vom Frosch kochen kennt ihr, oder? Ich habe noch keinen Frosch gekocht – immerhin Taschenkrebse. Schmecken echt gut, aber das Essen ist ein Haufen Arbeit. Wie dem auch sei, Krebse springen nicht raus. Dieses Unvermögen schenkt ihnen einen schnellen Tod. Also weiß ich nicht, ob das bei Fröschen stimmt: Kochendes Wasser – Hüpfer. Erst kaltes und dann langsam kochendes Wasser – toter Frosch. Im Gegensatz zu Krebs ist das bei einem lebenden, kompletten Frosch auch bestimmt extrem unappetitlich. Froschschenkel wären da vielleicht etwas anderes ... man muss die nicht in die Pfanne hauen, die kann man auch kochen. Ich gestehe, auch das ist bei mir nur Theorie. Irgendwo hat jeder seine Grenze. Die Moral dieser Geschichte trifft aber gut. Manchmal ist die Menschheit um einen herum ein echt sadistischer Froschkoch. Und wenn der Hausmann das mit dem Hüpfer vergisst, bleibt von ihm irgendwann nur noch ein Sack deprimatschige Pampe.

Was aus dieser Situation ein waschechtes Dilemma generiert: Es ist ja nicht so, dass wir generell nicht mehr gebraucht würden. Dann wäre die Antwort klar. Auf zu neuen Ufern! Aber es ist nun einmal wieder Mittag und wir fluchen, weil über den zähen Vormittag und einer Prise Selbstmitleid das Timing mit dem Mittagessen versaut wurde. Und dann stehen da welche vor der Tür. Meistens einfach nur müde. Manchmal aufgeregt. Ein andermal stinksauer und empört wegen himmelschreiendem Unrecht von Lehrern oder Klassenkammeraden begangen. Gemäß unserer Profession gucken wir in ein Gesicht und wissen. Alles. Und dann kommen die heim. Dann nehmen wir denen den schweren Rucksack von der Schulter. Dann streicheln wir denen mal im Vorübergehen über den Scheitel. Dann dürfen die erzählen und sich die Dinge von der Seele reden. Dann dürfen die einfach nur auf dem Küchenhocker hocken. Dann müssen die sich nicht mehr behaupten. Hier in der Familie darf jeder einfach nur da sein, hat seinen festen Platz und seine Berechtigung. So ist das gut. Familie eben. Und wir sind das Rückgrat dieser Veranstaltung.

„Bin gleich fertig. Deckt schon mal den Tisch."

Eines Nachmittags sprießt dann ein Gespräch aus dem Boden einer Tasse Tee zum Apfelstrudel. Es geht plötzlich um deutsche Außenpolitik und Treibhausgase. Oder erste, zarte Gehversuche im nebelschwadigen Zwischenreich, wo unschuldige Freundschaft endet und ein anderes Spiel beginnt, kommen aufs Tapet. Da stellen wir dann vielleicht verwundert fest, dass wir immer noch – nur in gewandelter Form – durchaus nötig sind in unserem Dasein daheim. Niemand, wirklich niemand anderes könnte hier diese so unglaublich wichtigen Aufgaben erfüllen. Wir kennen die, wir wissen, wir haben Zeit. Wir sind da.

Da sitzen wir Hausleute dann in unserem Dilemma. Da und dort unabdingbar nötig. Und dazwischen so viel brachliegende Zeit. Wir können nicht einfach weg, ohne auf der letzten Etappe nachhaltig Dinge kaputt zu machen. Aber angekettet führen wir über weite Strecke ein Leben wie gelähmt.

Na, kommt das Genöle gerade vertraut vor? Erwischt. Meine Antwort: Spring! Jetzt. Es ist Zeit. Dass so ein Hüpfer gelingen kann, beweist dieses Buch in dem ihr gerade lest. Ich habe hier meine ganz persönliche Antwort gefunden. Die war schon immer da. Schon lange, lange vor den Kindern. Schreiben. Es war vorher nur noch nicht in der Zeit.

Welche Antwort ihr findet, das ist eine sehr persönliche Geschichte. Aber es gibt viele Antworten. Es gibt so unendlich viel Sinnvolles, das darauf wartet, dass das endlich mal einer in die Hand nimmt. Und wenn wir hier von einem Luxusproblem reden, wenn es also nicht zwingend darum geht, dass dabei Geld ins Haus kommt, dann muss man in einer Welt, wo alles auf Produktivität gebürstet ist, nicht lange suchen. Werdet Trainer im Sportverein, geht zur Tafel oder schaut im Asylbewerberheim vorbei. Kümmert euch darum, dass dieser lahme Bürgermeister endlich mal was tut, damit die große Straße aus dem Schulweg nichtmehr eine lebensgefährliche Veranstaltung macht.

Ich kenne einen, der hat sich ein altes Haus gekauft. Der ist schwer beschäftigt, dass daraus eines Tages einmal ein Heim wird. Gerade hat der alte Fliesen kaputt geschlagen und legt die Scherben wunderhübsch auf die Betonstufen zur Haustür. Der geht jetzt jeden Tag mit Kreuzschmerzen und einem stillen runden Gefühl ins Bett, dass etwas unter seiner Hände Arbeit ein kleines Stück schöner geworden ist. Wolltet ihr nicht schon immer mal Italienisch lernen? Den Bootsführerschein machen? Springt. Jetzt. Mittenrein.

DIE MÄR VOM MEMORY

Noch ein motivierend angehängter Kommentar zu einem Topos der Kindererziehung (als Nachschlag und zum Einpacken und Mitnehmen auf den Weg): *Kinder sind im Memory besser als ihre Eltern.* Das kann ich so nicht bestätigen.

Kinder wollen gewinnen und sind dafür bereit, sich anzustrengen. Eltern wollen dagegen ihre Kinder ganz gerne gewinnen sehen. Und Eltern denken an alles Mögliche, wenn sie Memory spielen. Ist ja nicht so wichtig und der kleine Pupser freut sich doch so nett. Ja, dann gewinnen Kinder im Memory. Aber sie verlieren dann auch. Sie verlieren zum Beispiel schnell die Lust am Memory – und wenn es dumm kommt, die Lust daran sich anzustrengen. Ein geschenkter Sieg ist billig. So etwas wird schnell langweilig. Dagegen ist eine vielleicht knappe Schlappe ein Ansporn.

Agon! Wettkampf! Das ist nicht dazu da, den olympologisch Bestenderbestenderbesten zu belobhudeln. Da geht es darum, dass man sich anstrengt, weil man sich anstrengen muss. Gilt nur für Kinder? Doch wohl eher nicht. Und das gilt auch nicht nur beim Memory.

In der Küche haben wir es hier richtig gut. Kinder sind kritische Esser. Manchmal pienzig. Manchmal echt ungerecht. Und dann wäre da auch noch ab und an der Süßigkeitentsunami eines vormittäglichen Geburtstags im Kindergarten. Ja so etwas frustriert. Aber nehmen wir es sportlich: Was gibt es da, das diesen kleinen Saddams einfach schmecken muss? Mal sehen, ob die heute Abend meine selber gemachten Nudeln auch so kaltschnäuzig abblitzen lassen. Zugegeben ein hoher Anspruch. Auch wir Hausmänner sind Menschen. Das ist nicht immer einfach. Aber verdammt, strengen wir uns eben an.

Inhalt

Handwerk

Rezepte

vielleicht hilfreich